»Es lächelt der See,
er ladet zum Bade«

Friedrich Schiller

Marieluise Denecke

PACK DIE BADEHOSE EIN!

Badespaß an Deutschlands schönsten Flüssen, Seen und Küsten.
Sommer, Sonne, sorgenfrei.

*****

MIT ERLEBNISGARANTIE.

BRUCKMANN

INHALTSVERZEICHNIS

VORWORT

DIE NORDSEEKÜSTE

DIE OSTSEEKÜSTE

NIEDERSACHSEN

IN UND UM HAMBURG

DIE MECKLENBURGER SEENPLATTE

IN UND UM BERLIN

BRANDENBURG

SACHSEN UND SACHSEN-ANHALT

THÜRINGEN UND OSTHESSEN

Herrlich erfrischend,
so ein Sprung ins kühle Nass!

RUHRGEBIET/KÖLN/BONN

VON FRANKFURT BIS SAARBRÜCKEN

IN UND UM STUTTGART

DER SÜDWESTEN

BAYERNS NORDEN

AUGSBURG UND REGENSBURG

IN UND UM MÜNCHEN

DAS ALPENVORLAND

IN DEN ALPEN

VORWORT

Glasklare Vulkanseen, idyllische Flüsse, einsame Buchten: In Deutschland gibt es viele tolle Möglichkeiten, in einmaliger Naturkulisse zu schwimmen. Haben Sie schon mal unter glitzernden Wasserfällen gebadet oder sind in wassergefüllten Steinbrüchen getaucht? Nein? Dann ist dieser Sommer perfekt, um es auszuprobieren!

Genau an diese Badestellen führt »Pack die Badehose ein«. Die 111 Gewässer, die hier vorgestellt werden, sind sowohl für Badeprofis als auch für Freizeitschwimmer gedacht. Natürliche Badeseen befinden sich ebenso darunter wie Naturfreibäder, die ein gewisses Extra haben. Wer nicht nur gerne schwimmt, sondern immer auch ein Boot, Surfbrett oder Stand-up-Paddel dabei hat, ist hier richtig! Zu jedem Gewässer gibt es Informationen über die dortigen Wassersportmöglichkeiten. Zusätzlich gibt dieses Buch Tipps für einmalige Ausflüge und Freizeitaktivitäten ganz in der Nähe.

Unterteilt sind die Badestellen übersichtlich in einzelne Urlaubsregionen. Jede Region hat dabei ihren ganz eigenen Charme. Der spiegelt sich natürlich auch in den Gewässern wider. Während Schleswig-Holstein und Mecklenburg-Vorpommern durch weite Strände und Seen in sanfter Hügellandschaft bestechen, locken Bayern und Baden-Württemberg mit wilden Flüssen, Wasserfällen und Bergseen. Bundesländern wie Thüringen und Nordrhein-Westfalen wiederum merkt man ihre industrielle

Vorgeschichte an: Zahlreiche Talsperren und ehemalige Tagebaulöcher sind echte Badeparadiese geworden.
Jede Badestelle in diesem Buch hat etwas Besonderes. Manche sind ideal für Abenteurer geeignet, an anderen werden sich Familien besonders wohl fühlen, oder man kann wunderbar Wassersport betreiben.
»Pack die Badehose ein« erhebt selbstverständlich keinen Anspruch auf Vollständigkeit. Sicherlich gibt es Badestellen, die manche Schwimmer in dieser Sammlung vermissen werden. Genauso gibt es versteckte Gewässer, die von Kennern wie ein Familiengeheimnis gehütet werden. Dieses Buch will wunderschöne Bademöglichkeiten zeigen und sich als Ermunterung verstanden wissen. Eine Ermunterung dazu, die Badesachen einzupacken und sich auf Entdeckungsreise zu begeben.
Diese Entdeckungsreise zu den malerischsten Badestellen des Landes zeigt, wie schön Deutschland sein kann. Mal entdeckt man Biber, Adler und Otter, mal bringt die Sonne türkisfarbene Seen zum Leuchten, mal läuft man an schier endlosen Sandstränden entlang. Jeder Landstrich weiß auf einmalige Weise zu überraschen.

Viel Spaß beim Entdecken, Schwimmen, Bootfahren, Surfen, Tauchen und Planschen. Und: Badehose nicht vergessen!

Marieluise Denecke

Über 14 km Sandstrand verfügt die Insel Langeoog, die zu den Ostfriesischen Inseln (S. 12/13) gehört. Dahinter erheben sich die Dünen an manchen Stellen 20 m in die Luft.

DIE NORDSEEKÜSTE

Wind, Watt und Wunder der Natur

Deiche, die scheinbar ins Nichts verlaufen. Wind, der die Haare ins Gesicht peitscht. Am Horizont nur das endlose Meer: Wohl kein Landstrich in Deutschland verspricht so sehr ungestüme Weite wie die Nordseeküste. Die lockt mit einzigartiger Natur und Tierwelt ebenso wie mit viel Freizeitspaß.

Willkommen im Land von Ebbe und Flut! So rau die Nordseeküste bisweilen wirken mag, so paradiesisch kann sie auch sein. Am besten sieht man das entlang der langen Sandstrände der Nord- und Ostfriesischen Inseln. Wind und Wellen lassen vor allem eines erahnen: Hier herrschen perfekte Bedingungen für Sportler. Viel Spaß beim Kiten, Surfen, Boot und Wakeboard fahren – vom Wattwandern ganz zu schweigen.

Die Einzigartigkeit der Region hat auch die Weltengemeinschaft anerkannt: Seit 2009 beziehungsweise 2011 trägt das Wattenmeer den Status UNESCO-Weltnaturerbe. Was das heißt, können Besucher in Erlebniszentren oder auf Wandertouren erleben. Im Frühjahr und im Herbst verwandelt sich die Küste in ein wimmelndes Biotop: Dann machen Tausende Zugvögel hier Rast. Am Strand winken Robben den Besuchern gemütlich zu.

»DIE TOP 3 BADESTELLEN DER REGION«

1. **Nordstrand von Juist**
   (53°40'59.9"N 6°59'41.8"E)
   www.juist.de/vor-ort/strand-baden/strand
2. **Halbinsel Elsfleth**
   (53°12'38.6"N 8°29'48.3"E)
   www.elsfleth.de
3. **»Düne« von Helgoland**
   (54°10'53.3"N 7°54'36.0"E)
   www.helgoland.de/freizeit-gestalten/duene

Mal was anderes: Auf Borkum gibt es nicht nur Strandkörbe, sondern auch Strandzelte, die man mieten kann. Die aufgedruckten Namen stehen für den Verleih oder Besitzer. Gegenüber blickt man zur Seehundbank »Hohes Riff«.

Vögel wie die Seemöwen, aber auch andere Arten, genießen auf den Ostfriesischen Inseln besonderen Schutz.

1 OSTFRIESISCHE INSELN

Perlenkette aus Sand

Aufgereiht wie eine Perlenkette liegen sie vor Niedersachsens Festland in der Nordsee: die Ostfriesischen Inseln. Wer die sieben bewohnten Inseln besucht, wird mit einzigartigen Landschaften, rauschenden Wellen und feinsandigen Stränden belohnt.

Schöne Strandabschnitte locken zum Beispiel auf Juist, mit 17 Kilometern die längste Insel. Hier findet jeder ein sonniges Plätzchen: Die gesamte Nordseite des schmalen Eilands besteht aus feinem, weißem Sand. Auf ihre Kosten kommen Sonnenanbeter außerdem an der »Oase Strand« an der Ostseite von Norderney. Der Strand ist in einen FKK- sowie einen Textilbereich unterteilt, und Familien haben hier ebenso Platz wie Hundefreunde und Wassersportler. Ein besonderes Plus ist die Strandsauna mit Blick aufs Meer. Strandabschnitte eigens für Nacktschwimmer gibt es außerdem auf Juist, Borkum, Langeoog und Baltrum. Wer mit Teenagern anreist, ist auf Borkum am besten aufgehoben: Am Jugendbad auf der Ostseite der Insel haben Teenies ihre Ruhe, während die Badeaufsicht trotzdem aufpasst, dass nichts passiert.

Wer sich nicht nur den ganzen Tag lang im Sand aalen will, der kann an fast allen Stränden der Inselkette diversen sportlichen Aktivitäten nachgehen und zwischen Schulen fürs Surfen und Kiten, Ständen, die das nötige Sportequipment an Erfahrene verleihen, sowie Sportkursen direkt am Strand wählen.

Wer mit Kind und Kegel anreisen möchte, sollte wissen, dass die Inseln Spiekeroog, Wangerooge, Juist, Baltrum und Langeoog autofrei sind. Besucher werden von Flughafen oder Fähre mit Pferdetaxen abgeholt. Der Einsatz und die Zucht von Pferden haben auf der Inselkette eine jahrhundertelange Tradition; die Vierbeiner ziehen hier Kutschen ebenso wie Busse und Planwagen.

ZUGVÖGEL PRÄGEN VOR ALLEM IM FRÜHJAHR UND HERBST DAS BILD AUF DEN INSELN SOWIE IM GESAMTEN NATIONALPARK. BESONDERS SEHENSWERT SIND DIE ZUGVOGELTAGE MIT GROßEM VERANSTALTUNGSPROGRAMM, DIE IMMER IM OKTOBER STATTFINDEN.

Die Ostfriesischen Inseln liegen mitten im Nationalpark Niedersächsisches Wattenmeer, der Teil des UNESCO-Weltnaturerbes Wattenmeer ist. Der Nationalpark bietet Besuchern eine Vielzahl an Möglichkeiten, um die einzigartige Landschaft hautnah zu erleben und dabei viel Wissenswertes über sie zu erfahren: Wattwanderungen, Lehrpfade, Erlebnisfahrten oder Ausflüge mit ausgebildeten Rangern.

TIPP

Insgesamt 13, neben den sieben größeren Inseln also noch sechs kleinere, unbewohnte Eilande gehören zur berühmten Inselkette. Eines von ihnen ist etwa das nur fünf Quadratkilometer große Memmert, das östlich von Borkum liegt und auf dem Vögel geschützt brüten dürfen. Zwischen August und Oktober können Besucher an geführten Ausflügen in das Biotop teilnehmen.

1

Die Seehunde liegen oft ganz entspannt auf den Sandbänken – ideal für Besucher, die sich freuen, sie in ihrem natürlichen Lebensraum sehen zu können (1). Am Rathausplatz, im Herzen Bremens, wurde 1953 Gerhard Marcks' Bronzestatue der Bremer Stadtmusikanten aufgestellt. Im Märchen der Gebrüder Grimm machen die vier Tiere sich auf, in der Weserstadt ein besseres Leben zu finden (2).

2 ELSFLETHER SAND Seehunde am Strand

Die Halbinsel Elsflether Sand ist eine ehemalige Weserinsel nördlich von Bremen, die vier Kilometer lang ist und nicht einmal einen Kilometer breit. Wer hierher kommt, findet außer Sandstrand, Deich, Wiesen und Schafen nichts als Idylle – Autos sind nicht erlaubt. Auf die Halbinsel kommt man entweder über das Hunte-Sperrwerk im Norden – immer zur vollen Stunde – oder über das Dorf Ohrt. Man lässt das Auto auf dem Parkplatz am Deich stehen und folgt etwas mehr als einem Kilometer lang der Deichstraße. Vor allem bei Sonnenuntergang ist diese Badestelle etwas ganz Besonderes.

TIPP

Wer den Weg nicht scheut, der kann dem Strand bis zur Inselspitze folgen, wo die Hunte in die Weser mündet. Mit ein bisschen Glück kommt man hier an Seehunden vorbei, die sich im Sand ausruhen. Auf alle Fälle kann man aber den großen Frachtschiffen auf ihrem Weg in die Weltmeere zuwinken.

3 MAHNDORFER SEE

Aus Baustelle wird Baggersee

Grenzübergreifend: Mitten durch den Mahndorfer See verläuft die Landesgrenze zwischen Niedersachsen und Bremen. Dieser 20 Hektar große Badesee mit ausgezeichneter Wasserqualität liegt im östlichen Stadtteil Mahndorf nahe der A1. Der See ist in den 1960er-Jahren entstanden, als man viel Sand für den Bau der Autobahn benötigte. So viel Urbanes macht der See mit seinen baumumstandenen Ufern und den Vogelschutzinseln aber schnell wieder wett. Liegewiesen, Strand, Nichtschwimmerbereich, Kiosk und Toiletten sorgen für Komfort so nah an der Stadt.

TIPP

Der Klassiker: das Zentrum der Hansestadt mit den Bremer Stadtmusikanten am Rathaus. Seit 1953 erinnert die Bronzestatue an das Märchen der Gebrüder Grimm. Es soll Glück bringen, die Beine des Esels zu berühren. Wer nur ein Bein berührt, entlarvt sich in den Augen der Bremer selbst als Esel.

BECK

Am Strand von Sankt Peter-Ording stehen Pfahlbauten zum Schutz vor Wind und Wetter (1). Wunderschöne Nordseeidylle auf der Insel Amrum, die zu den Nordfriesischen Inseln gehört (2).

4 SANKT PETER-ORDING

Die Sandkiste

Kaum ein Ort ist so sehr Synonym für schier endlosen Strand wie Sankt Peter-Ording: Zwölf Kilometer lang ist »Europas größte Sandkiste«. Ob Sonnenanbeter, Schwimmer, Surfer, Fußballer oder Spaziergänger – hier findet jeder ein Plätzchen für sich. Im Norden tummeln sich die Nacktschwimmer, im Süden befindet sich der Textilbereich, dazwischen stürzen sich die Surfer in die Fluten. Der Ordinger Strand ist außerdem so groß, dass man in den Sommermonaten sein Auto auf einem eigenen Strandabschnitt parken kann.

TIPP

Im Ort befindet sich eine Schutzstation des Nationalparks Wattenmeer. Die Station bietet nicht nur Vorträge und Workshops an, sondern auch Wanderungen durch die einmalige Wattlandschaft, die sich hier kilometerweit ausbreitet. Mit der ganzen Familie lohnt auch der Besuch im Nationalpark-Haus mit Ausstellung, Kino und Aquarium.

5 NORDFRIESISCHE INSELN

Wind und Wellen

Die Luxusinsel Sylt kennt wohl jeder, aber wie sieht es mit Pellworm oder Amrum aus? Nein? Dann nichts wie hin auf eine der fünf Nordfriesischen Inseln! Der raue Nordseewind bietet ideale Bedingungen für Surf-Fans, egal ob mit Anfänger- oder Expertenstatus. Der alljährliche Höhepunkt ist der »Windsurf World Cup« Ende September am Brandenburger Strand auf Sylt. Der beste Freund des Menschen soll beim Badespaß nicht fehlen? Alle fünf Inseln bieten Strandabschnitte, auf denen auch Hunde ihren Spaß haben dürfen.

TIPP

Keine Lust mehr auf Schwimmen? Dann ab zum Nordic Walking! Der Sylter Ort Keitum gilt als Mekka hierfür. Der »Nordic Walking Park« der Insel bietet 26 verschiedene Routen mit unterschiedlichen Längen und Schwierigkeitsstufen auf insgesamt 220 Kilometern Strecke. Ein Klassiker ist der etwa acht Kilometer lange Weg von Westerland nach Kampen.

6 HELGOLAND

Schwimmen mit Blick auf Fels und Meer

Wer in der Nordsee schwimmen will, der kommt an Helgoland nicht vorbei. Die Insel mit dem charakteristischen roten Stein gehört in Deutschlands Norden zu den exklusivsten Orten, an denen man im Meer baden gehen kann. Obwohl auch die Hauptinsel zwei kleine Strände bietet, sind Schwimmer am besten auf der kleineren Insel aufgehoben, »Düne« genannt. Shuttle-Boote bringen Besucher vom südlichen Hafen aus hierher. Mit etwas Glück kann man am Südstrand der Düne Kegelrobben beobachten, die sich hier die Sonne auf den Pelz scheinen lassen. Wer auf der Hauptinsel bleiben will, sollte den kleinen Strand am Südhafen ansteuern: Während die Kinder auf dem Spielplatz spielen, kann man selbst mit Blick aufs Meer entspannen. Der Strand im Norden ist steinig und klein, bietet aber schöne Ausblicke auf die roten Felsklippen.

TIPP

Ein Ausflug zur 48 Meter hohen »Langen Anna«, Helgolands beliebtestem Fotomotiv, darf einfach nicht fehlen. Im Frühsommer brüten Tausende Hochseevögel auf dem Naturdenkmal. Im Juni dann ein beeindruckendes Naturschauspiel: Junge Trottellummen stürzen sich von hier und vom »Lummenfelsen« aus in die Tiefe, um dann empor in die Lüfte zu steigen.

Helgoland wird bevölkert von unzähligen Basstölpeln, die es lieben, auf der markanten in »Langen Anna« zu sitzen und das Kommen und Gehen ihrer Artgenossen zu beobachten.

1906 entstand die erste Seebrücke in Sellin auf Rügen. Nach mehrmaliger Zerstörung durch Eisgang stammt der heutige Bau von 1997 und ist 394 m lang. An ihrem vorderen Ende befindet sich eine Tauchgondel.

DIE OSTSEEKÜSTE

Deutschlands wilde Weite

Man vergräbt die Zehen im hellen Sand, richtet die Augen aufs strahlend blaue Meer und hört den Wind durch knorrige Bäume pfeifen: Ursprünglich wie sonst nirgendwo präsentiert sich Deutschland an seiner Ostseeküste. Ob Steilküste oder Strand – hier findet jeder, was ihn glücklich macht.

Über 2000 Kilometer lang ist die deutsche Ostseeküste. Sie zeichnet sich aus durch wilde Naturstrände, scheinbar endlose Landstriche und malerische Buchten. Man kann seinen Ostseeurlaub nach Herzenslust verbringen: wandern, reiten, Rad fahren, den Hund mit an den Strand nehmen oder mit dem Surfboard übers Wasser zischen! Die Ostseeküste gilt außerdem als Paradies für Nacktbader.

Erfreulicherweise ist die wilde Natur der Ostsee tatsächlich an einigen Flecken vom Einfluss der Menschen noch weitgehend unberührt. Einen guten Eindruck dieser abgelegenen Landschaften bekommt man bei Wanderungen oder Radtouren. Wer es etwas windstiller mag, kann es sich an den malerischen Seen und sanft dahinziehenden Flüssen gemütlich machen.

»DIE TOP 3 BADESTELLEN DER REGION«

1. **Darßer Weststrand**
   (54°28'25.9"N 12°30'01.8"E)
   www.fischland-darss-zingst.m-vp.de/darsser-weststrand

2. **Schaabe auf Rügen**
   (54°35'21.0"N 13°24'13.0"E)
   www.ruegen-hiddensee.de/die-schaabe

3. **Plöner See**
   (54°08'22.3"N 10°24'32.3"E)
   www.holsteinischeschweiz.de/ploen

Der Sandstrand zwischen Darßer Ort und Prerow lädt zu langen Spaziergängen ein, bei denen man sich vielleicht auch die Schuhe auszieht und barfuß läuft (1). Noch halten die Kiefern auf dem Darß der ständig vom Meer hereinziehenden Brise stand, aber sie sind doch schon arg gebeutelt (2).

2

7 DARßER WESTSTRAND

Vom Wind gezeichnet

Einer der ursprünglichsten Strände des Landes lockt auf der Halbinsel Darß: Der Darßer Weststrand, der auch schon Kulisse für Kinoproduktionen war. Der kilometerlange helle Sandstrand führt an der Westküste der Halbinsel bis zu seiner meerumspülten äußersten Spitze. Der Sand ist so fein und das Meer so strahlend blau, dass man sofort in Urlaubsmodus verfällt. Hinzu kommt: Hier ist so viel Platz, dass jeder Besucher eine ruhige Stelle für sich findet; egal ob mit Familie, Hunden, als Nacktbader oder naturverbundener Wanderer.
An den Weststrand gelangt man auf verschiedenen Wegen. Von den Orten Prerow, Born oder Wieck aus kann man zu Fuß oder mit dem Fahrrad durch den Wald fahren; die Streckenlänge beträgt etwa sechs Kilometer. Besonders schön ist es, auf dem Parkplatz nördlich von Ahrenshoop zu parken und dann zu Fuß am Strand entlang in Richtung Weststrand zu wandern. Mit dem Auto kann man den Strand nicht direkt anfahren, daher wirkt dieser Teil der Halbinsel weitgehend unberührt.
Der Strand geht direkt in den naturbelassenen Darßwald über. Mit knapp 6000 Hektar Fläche bedeckt er den Großteil des Darß. Der Wald ist für jeden Naturliebhaber sehenswert: Kiefern, Birken, Erlen, Fichten und Buchen wachsen hier, wie Natur und Wind sie geschaffen haben. Das 50 Quadratkilometer große Gebiet kann man zu Fuß, auf dem Rad oder auf dem Pferderücken auf eigens ausgezeichneten Wegen erkunden. Da der Wald zum Nationalpark Vorpommersche Boddenlandschaft gehört, sollten Besucher die Wege nicht verlassen sowie Flora und Fauna nicht stören.
Der Darßwald war auch für schwedische Könige schon ein beliebtes Ziel: Sie haben hier Wild gejagt. Heute ist die Tier- und Pflanzenwelt streng geschützt. Aufmerksame Besucher können zahlreiche Vogelarten wie Spechte und Waldlaubsänger beobachten. Im Herbst werden Führungen zur Hirschbrunft angeboten.
Besonders sehenswert ist der Waldrand in Richtung Strand: Der stete Küstenwind hat hier die Rolle eines Landschaftsarchitekten übernommen. Große Teile des Waldes werden der natürlichen Entwicklung überlassen. Aus dem Totholz am Strand bauen sich Besucher auch gern einen Windschutz.

AN DEN DARß SCHLIEßT SICH ZINGST AN. BESUCHER SCHÄTZEN DIESEN TEIL DER HALBINSEL WEGEN SEINER EINMALIGEN HEIDE- UND WALDGEBIETE, RIESIGE MAMMUTBÄUME INKLUSIVE. WANDERSCHUHE UND FOTO-AUSRÜSTUNG NICHT VERGESSEN!

TIPP

Das Deutsche Meeresmuseum hat am Leuchtturm Darßer Ort das »Natureum« eingerichtet. Wer die rund sechs Kilometer nicht zu Fuß oder per Fahrrad auf sich nehmen will, nimmt von Prerow aus eine Pferdekutsche oder die Darßbahn. Das in »Natureum« informiert über die einzigartige Landschaft, Naturschutz und Bernsteinfunde. Der Leuchtturm bietet nach 126 Stufen grandiose Blicke über Wald und Meer.

1

Wer durch den dichten Wald auf den weiß leuchtenden Kreidefelsen im Nationalpark Jasmund wandert, dem bieten sich immer wieder herrliche Ausblicke auf die tiefblaue Ostsee (1). Ein hübsches Ensemble bilden die gotischen und barocken Fassaden und verschiedenfarbigen Dächer der Rostocker Altstadt (2).

8 RÜGEN Einmalige Landschaften

Weißer Sand, rauschendes Meer, Kiefernwälder – solche Landschaften bietet die Sonneninsel Rügen. Ruhiger als in beliebten Badeorten wie Binz oder Sellin schwimmt man zum Beispiel auf der Schaabe, dem Übergang zur Halbinsel Wittow. An der Nordspitze der Insel hat man außerdem nur das Meer (und, ganz weit weg, Schweden) vor Augen. Hier hat jeder richtig viel Platz zum Stand-up-Paddling und Sandburgen bauen. Schöne Stellen kann man auf der Strecke zwischen dem Kap Arkona und Bakenberg per Fahrrad entdecken.

TIPP

Rund zehn Kilometer von der Schaabe entfernt liegt der Nationalpark Jasmund mit den Kreidefelsen. Im Nationalparkzentrum Königsstuhl reist man im Multivisionskino durch die UNESCO-geschützten Landschaften. Die berühmteste Küste Deutschlands kann man von hier aus auf kurzen oder langen Wanderungen erkunden.

9 FLUSSBAD ROSTOCK Immer im Fluss

Wer meint, dass man im Bundesland der Badeseen nicht in einen Fluss springen muss, kennt das Flussbad in Rostock nicht. Die Warnow bietet mit ihren grünen Ufern und angenehmen Temperaturen die perfekte Abwechslung zum Meerwasser. Das Naturfreibad wurde 2005 gegründet, nebenan werden Kanus und Tretboote verliehen. Rostocks einziges Freibad bietet für jeden etwas: Wasserrutschen, Kletterberg und Nichtschwimmerbecken ebenso wie Liegewiesen und zwei 50-Meter-Becken. Der Eintritt liegt bei 3 Euro (Erwachsene).

TIPP

Die historische Altstadt liegt nur fünf Gehminuten vom Freibad entfernt. Sehenswert sind die gut erhaltenen Bauwerke der Backsteingotik. In der Marienkirche steht eine astronomische Uhr aus dem 14. Jahrhundert, deren Ziffernblatt ganze 16 Quadratmeter groß ist. Bis heute wird ihr Originaluhrwerk mit der Hand aufgezogen.

1

10 PLÖNER SEE Schwimmen mit Schloss

Um in der Schweiz zu schwimmen, stilecht mit Ausblick auf Schloss und Segelboote, muss man gar nicht das Land verlassen: In der holsteinischen Schweiz lockt mit dem Großen Plöner See der größte See Schleswig-Holsteins. Die Sportler treffen sich bei Schloss Ascheberg zum Surfen oder Segeln, seine Ruhe hat man eher am Koppelsberg, Familien kommen am Südwestufer in Dersau auf ihre Kosten.

TIPP

Das Plöner Schloss ist frisch renoviert und lohnt einen Besuch. Führungen gibt es nachmittags und abends – vorher anmelden! Oder man lässt auf einer Schifffahrt Schloss, Prinzeninsel und die Vogelschutzinseln an sich vorbeiziehen.

11 FLENSBURG Strand und Seefahrer

Badespaß für alle Familienmitglieder hält der Solitüder Strand an der Flensburger Innenförde bereit. Die Innenförde ist etwa 15 Kilometer lang und erstreckt sich vom Hafen bis zur Halbinsel Holnis. Im Gebiet Solitüde geht der Wald direkt in feinen Sandstrand über. Mit einem Bistro, einer DLRG-Wachstation, zwei großen Spielplätzen, Minigolfanlage, Restaurant, Parkplatz und Kiosk ist für Abwechslung gesorgt.

TIPP

Flensburg liegt an der Grenze zu Dänemark – warum nicht also bei unseren Nachbarn im Norden vorbeischauen? Spannende Reisen, ohne die Stadt zu verlassen, bietet auch das Schifffahrtsmuseum über das Leben der Seefahrer.

Frisch renoviert erstrahlt das Plöner Schloss (1). Nordseestrand in Glückstadt (2). Das sieht so richtig nach Ostsee aus: die Weiße Wiek in Boltenhagen (3).

2

3

12 BOLTENHAGEN Ostseebad mit Naturcharme

Das Ostseebad Boltenhagen lockt mit einem über fünf Kilometer langen Strand. Ist er auf Höhe des Ortszentrums noch fein und hell, verwandelt er sich hinter dem nördlichen Ortsausgang auf Höhe von Redewisch in Kiesstrand. Touristentrubel und Sonnenschirmen kann man hier am besten entgehen. Zwischen Findlingen und Kieseln unbedingt nach Fossilien und Bernstein Ausschau halten!

TIPP

Boltenhagen ist bekannt für seinen malerischen Ortskern, seine Bäderarchitektur und die Seebrücke. Nur 20 Kilometer sind es bis Wismar, dessen marines Flair Besuchern einen Mini-Skandinavien-Urlaub beschert.

13 FEHMARN Blick auf Dänemark

80 Kilometer Küstenlinie, der weite Blick auf Dänemark, 20 unterschiedliche Strände: Die Insel Fehmarn im Norden Schleswig-Holsteins ist ein Paradies für jede Wasserratte. Natürliche, einsame Naturstrände gibt es zum Beispiel im kleinen Ort Presen, in Staberhuk oder in Westermarkelsdorf. Mehr Infrastruktur und Sportmöglichkeiten findet man hingegen in Bojendorf oder am langen Naturstrand bei Puttgarden.

TIPP

Beim Packen für die Insel an den Drahtesel denken! Mit 300 Kilometern Wegenetz und fünf verschiedenen Thementouren ist Fehmarn ideal geeignet. Fitte können dem Teil des Ostseeküsten-Radweges folgen, der einmal um die Insel herumführt.

So ein Picknick am Wasser macht richtig Appetit – auch den Enten schmeckt's offensichtlich.

NIEDERSACHSEN

Schwimmerliebe auf den zweiten Blick

Deutschlands zweitgrößtes Flächenland ist sicherlich nicht als Wassersportparadies berühmt. Niedersachsen entpuppt sich beim genauen Hinsehen jedoch als erstaunlich vielfältig. Schwimmen kann man hier mitten im Harz, in türkis schimmernden Seen oder in Wasser mit Badewannentemperatur.

Küste, Flachland, Hügel, Gebirge: Was Niedersachsen einzigartig macht, ist seine landschaftliche Vielfalt. Die schlägt sich auch bei seinen Gewässern nieder, denn vom eher trüben Moorsee bis zum funkelnden Wasserkörper ist alles dabei. Der berühmteste See Niedersachsens ist das Steinhuder Meer bei Hannover, das durch seine idyllische Lage ebenso besticht wie durch seine vielen Freizeitmöglichkeiten.

Im Harz, den sich Niedersachsen mit Sachsen-Anhalt teilt, wartet ein großes touristisches Angebot auf die Besucher. Hier kann man wandern, radeln, Rodelbahn fahren – und, natürlich, schwimmen. Das Gebirge ist durchzogen von zahlreichen Stauseen und anderen Gewässern, die zum Teil sogar den Titel UNESCO-Weltkulturerbe tragen. Auch ansonsten gibt es in diesem Bundesland viel zu entdecken – man muss nur genau hinschauen.

»DIE TOP 3 BADESTELLEN DER REGION«

1. **Weiße Düne am Steinhuder Meer**
   (52°29'36.0"N 9°20'04.0"E)
   www.naturpark-steinhuder-meer.de
2. **Ziegenberger Teich, Harz**
   (51°46'36.1"N 10°20'42.5"E)
   www.harzinfo.de
3. **Bruchsee**
   (52°00'10.3"N 9°39'42.0"E)
   www.campingpark-humboldtsee.de

1

Bötchen, so weit das Auge reicht, sieht man vom Bootsanleger am Steinhuder Meer (1). Die alten Häuschen in Ziegelbauweise stehen in Steinhude brav aneinandergereiht. Hier kann man schön bummeln und ein Eis essen (2).

14 STEINHUDER MEER

Wassersport und Weite

Plätschernde Wellen, Möwenschreie, im Wind geblähte weiße Segel – wer denkt da nicht an den perfekten Sommerurlaub? Um den zu erleben, muss man gar nicht weit reisen: Manchmal liegt das Gute nah vor der Haustür, wie zum Beispiel beim Steinhuder Meer.

Niedersachsens größter Binnensee bei Hannover lockt nicht nur mit knapp 30 Hektar Wasserfläche, sondern auch mit zahlreichen Sportmöglichkeiten und viel Natur drumherum. Dabei ist der See mit maximal drei Metern gar nicht tief geraten. Im Sommer hat das nur Vorteile, weil sich das Wasser dadurch schnell erwärmt. Das flache Becken ist vor rund 14 000 Jahren bei der letzten Eiszeit entstanden. »Meer« wird der See übrigens nicht genannt, weil er für niedersächsische Verhältnisse so groß ist. Vielmehr handelt es sich um ein niederdeutsches Wort für Binnensee.

Besonders beliebt ist die Badeinsel am Südufer. Hierbei handelt es sich um eine rund 35 000 Quadratmeter große Insel mit breitem Sandstrand. Sie ist nur zu Fuß über eine Brücke zu erreichen. Gerade Familien werden sich über das gastronomische Angebot, die vielen Spielgeräte für Kinder und den großzügigen Platz freuen. Hunde sind hier nicht erlaubt. Eine weitere Badestelle findet man am gegenüberliegenden Ufer in der Nähe des Ortes Mardorf. Hier lädt der Strand Weiße Düne zum Sonnenbaden und Planschen im flachen Wasser ein. Spielplatz, Volleyballanlage und Kiosk sorgen für Abwechslung (Toiletten vorhanden). Hundebesitzer können ihre Lieblinge am Abschnitt am Erlenweg von der Leine lassen.

Auch Wassersportlern wird hier nicht langweilig: Ihr Revier liegt wenige Meter weiter am Surfstrand. Am Steinhuder Meer kann man segeln, surfen, Katamaran fahren oder mit dem Stand-up-Paddel übers Wasser gleiten. Zahlreiche Schulen rund um Steinhude und Mardorf bieten Kurse an. Auch Kanutouren kann man buchen.

Wer sich eine Pause gönnen möchte, kann von Steinhude aus mit einem Schiff zur Insel Wilhelmstein schippern. Das Eiland mit gleichnamiger Festung wurde um 1760 künstlich erbaut. Die Festung kann man ebenso besuchen wie einen Nachbau des »Steinhuder Hechts«, der als erstes deutsches U-Boot gilt.

DAS STEINHUDER MEER LIEGT MITTEN IM GLEICHNAMIGEN NATURPARK. RUND UMS GEWÄSSER FÜHRT EIN RADWEG, DER BESUCHER EBENSO ZU IDYLLISCHEN DÖRFERN BRINGT WIE DURCH EINMALIGE BIRKENWÄLDER UND STIMMUNGSVOLLE MOORE.

TIPP

Das Örtchen Steinhude ist mittlerweile der wichtigste Anlaufpunkt am Steinhuder Meer geworden. Das ehemalige Fischerdorf hat sich viel von seinem urtümlichen Charme bewahrt. Bestes Beispiel hierfür ist das Scheunenviertel aus dem 18. Jahrhundert. In den Fachwerkhäusern findet man Restaurants und Museen ebenso wie Boutiquen.

15 ZIEGENBERGER TEICH

Panorama-Baden im Kulturdenkmal

Der Harz ist Paradies für Wanderer und Radfahrer – aber wie wäre es mit einem Schwimmausflug auf rund 500 Metern Höhe? Das Mittelgebirge hält wunderbare Badestellen für Naturfans bereit. Eine davon liegt bei Clausthal-Zellerfeld: der Ziegenberger Teich, etwa ein Kilometer östlich des Ortsteils Buntenbock gelegen. Von Buntenbock aus folgt man dem Bergwiesenweg. Die Badestelle liegt am südwestlichen Ufer, nahe am Wanderweg. Sie ist durch ein Schild gekennzeichnet. Das Wasser ist klar und weich. Der See wird schnell tiefer, sodass ungeübte Schwimmer aufpassen sollten. Bis auf eine Liegewiese und das tolle Harzpanorama gibt es keine Infrastruktur. Hier schwimmt man in einem echten Kulturdenkmal: Der See ist Bestandteil des UNESCO-Weltkulturerbes »Oberharzer Wasserwirtschaft«.

TIPP

Noch nicht genug von Sehenswürdigkeiten mit dem Status Weltkulturerbe? Dann ab ins 20 Kilometer entfernte Goslar! Die schöne Altstadt des 15 000-Einwohner-Ortes hat ebenso UNESCO-Status wie das Erzbergwerk Rammelsberg. Die beiden einzigartigen Orte dienten außerdem schon zahlreichen Kinoproduktionen als Kulisse.

Ein schönes architektonisches Ensemble weist der Goslarer Marktplatz auf. Das prächtige spätgotische Gebäude, das Gildehaus Kaiserworth, war früher das Gildehaus der Gewandschneider und wird heute als Hotel genutzt.

Die Herrenhäuser Gärten mit Schloss Herrenhausen in Hannover dienen den Hannoveranern als Naherholungsgebiet (1). Einfach nur schön: Das satte Grün der Laubbäume und Kiefern am Ufer spiegelt sich auf der ruhigen Wasseroberfläche des Sees (2).

16 RICKLINGER KIESTEICHE

Dreifache Abkühlung

Sie sind in der Stadt und haben Lust aufs kühle Nass? In Hannover ist das kein Problem: Nur eineinhalb Kilometer vom zentrumsnahen Maschsee entfernt liegen drei Badeseen, die sogenannten Ricklinger Kiesteiche. Mitten im Grünen schwimmen die Hannoveraner gern im Dreiecksteich oder am Großen Teich, während der Sieben-Meter-Teich den Nudisten vorbehalten ist. Auf den Liegewiesen hat man viel Platz zum Grillen und Picknicken, Kioske, Toiletten und Parkplätze gibt es außerdem.

TIPP

Ganz in der Nähe, im Hannoveraner Stadtteil Herrenhausen, lädt die hochherrschaftliche Anlage der Herrenhäuser Gärten zur Audienz. Der Große Garten gilt als einer der bedeutendsten Barockgärten Europas. Weitere Themenwelten eröffnen der Georgengarten, der Berggarten sowie das angeschlossene Aquarium Sea Life.

17 BRUCHSEE

Verstecktes Juwel im Wald

Wer in den kleinen Ort Duingen im Landkreis Hildesheim kommt, ahnt noch nicht, was für ein Schatz sich hier im Wald versteckt: der Bruchsee, ein tiefer Baggersee mit kräftig türkis leuchtendem Wasser. Von Duingen aus folgt man der B240 und biegt bei der entsprechenden Beschilderung rechts ab auf den Parkplatz. Von hier aus führt ein Pfad durch den Wald zum zehn Hektar großen See. An dem kleinen Sandstrand spielen gern Kinder, ansonsten kann jeder einen ruhigen Platz finden. Am Westufer wartet ein Kiosk mit Getränken, Eis und Snacks.

TIPP

Die Marienburg bei Nordstemmen ist historischer Herrschaftssitz der Welfen und wegen ihrer hübschen Architektur ebenso eine Reise wert wie wegen ihrer malerischen Lage auf einem Hügel. Es gibt Führungen zu unterschiedlichen Themen, einen Schloss-Shop und Freiluft-Veranstaltungen sowie Freiluft-Hörspielvorführungen.

Verden ist das Zentrum für Pferdezucht und Reitsport und liegt nicht weit von der Einmündung der Aller in die Weser (1). Vor ein paar Jahren noch kaum bekannt, gehören sie heute zu sämtlichen Gewässern dazu: die Stand-up-Paddel (2).

18 GROẞER BULLENSEE

Wärmer wird's nicht

Flacher Einstieg, sandiger Boden, Temperaturen von bis zu 30 Grad: Ohne Frage, der Große Bullensee bei Rotenburg/Wümme ist etwas für die Warmduscher unter den Schwimmern. Von seinem eher dunklen Wasser sollte man sich nicht abschrecken lassen: Die Wasserqualität des Moorsees ist ausgezeichnet. Familien baden besonders bequem am östlichen Ufer, wo es lange flach hinein geht. Diese Bereiche sind außerdem durch Bojen gekennzeichnet. Für Komfort sorgen Spielplatz, Liegewiesen, Holzstege und ein Parkplatz.

TIPP

Wer mit Pferdenarren unterwegs ist, sollte auf jeden Fall im knapp 30 Kilometer entfernten Verden vorbeischauen. Die »Reiterstadt« ist bekannt für ihre zahlreichen Gestüte. Hier steht außerdem Deutschlands größtes Pferdemuseum, das alles rund um die Vierbeiner und ihr Verhältnis zum Menschen anschaulich erklärt.

19 BADESEE LAHDE

Baggersee mit Beachbar

Direkt an der Grenze zu Niedersachsen, im Mindener Land, liegt der Badesee Lahde. Der ehemalige Baggersee bietet etwas für jeden Geschmack: Am Nordufer begrüßt die Besucher ein Sandstrand mit angeschlossener Beachbar. Fürs richtige Urlaubsgefühl kann man hier die Zehen im Sand vergraben und zu hipper Musik Cocktails schlürfen. Familien finden auf den Liegewiesen am Ostufer ausreichend Platz, versteckte Einstiegsstellen liegen zwischen den Pappeln am Westufer. Unbedingt das Schlauchboot oder Stand-up-Paddel mitbringen!

TIPP

Knapp zehn Kilometer entfernt von Lahde liegt der Geburtsort des größten deutschen Karikaturisten: Wilhelm Busch. Der kleine Ort Wiedensahl im Landkreis Schaumburg huldigt dem vielseitigen Künstler unter anderem durch Ausstellungen und Führungen in seinem Geburtshaus. Das Wilhelm-Busch-Museum wiederum befindet sich in Hannover.

Da muss irgendwo ein Verleih sein: Segelboote auf dem Alstersee in Hamburg.

IN UND UM HAMBURG

Viel mehr als Meer und Elbe

Hamburg ist die Stadt mit der größten Anzahl an Brücken in Europa – mehr als Venedig und Amsterdam zusammen. Da ist es eine Frage der Ehre, dass diese Stadt grandiose Badestellen bereithält. Wer sich auch jenseits der berühmten Stadtviertel bewegt, wird von so viel Natur überrascht sein.

Spätestens seit Fertigstellung der Elbphilharmonie kennt jeder die Silhouette der Hamburger Hafencity: glänzende Hochhäuser, traditionelle Bauten, Schiffe – und natürlich viel, viel Wasser. In der Hansestadt warten viele tolle Schwimmspots darauf, entdeckt zu werden – auch jenseits beliebter Ausflugsziele wie dem kilometerlangen Elbstrand in Altona.
Abseits vom Stadtzentrum stößt man schnell auf versteckte Seen oder Nebenarme riesiger Flüsse, die mit ihrer trägen Strömung perfekt zum Schwimmen sind. Hier kann man mit der Familie einen Sommertag verbringen oder mit den besten Freunden abhängen. Wasser und Sport gehen dabei in Hamburg Hand in Hand. Doch auch, wer einfach nur die Seele baumeln lassen will, findet in dieser maritimen Stadt immer irgendwo ein Fleckchen für sich. Mit Blick auf die Natur oder auf die funkelnde Skyline.

»DIE TOP 3 BADESTELLEN DER REGION«

1. **Dove Elbe**
   (53°29'07.2"N 10°05'44.1"E)
   www.hamburg.de/parkanlagen/3118942/wasserpark-dove-elbe
2. **Garrensee**
   (53°41'22.6"N 10°51'14.9"E)
   www.herzogtum-lauenburg.de
3. **Elbstrand bei Drochtersen**
   (53°45'12.3"N 9°23'26.2"E)
   www.elbinsel-krautsand.de

Die Insel Krautsand liegt am linken Ufer der Unterelbe im Kehdinger Land (1). Friedliche Abendstimmung mit klassisch rot-weißem Leuchtturm auf einem Deich an der Nordsee (2).

20 Elbinsel Krautsand

Fluss und Frachter

Ein sieben Kilometer langer Sandstrand und die Elbe, deren Strömung schwer beladene, oft hochhaushohe Containerschiffe zunächst in den Hamburger Hafen und dann wieder hinaus in die Welt befördert: Diese einmalige Szenerie können Schwimmer zwischen Hamburg und der Nordsee genießen, und zwar auf der Elbinsel Krautsand.

Der Strand ist hell und feinkörnig, und Büsche und kleine Bäume geben dem Ganzen eine natürliche Atmosphäre und schützen vor Wind. Zwar warnt ein Schild, dass man hier genau nicht baden gehen sollte: Gezeitenströmung, fehlende Badeaufsicht sowie der Sog und Wellenschlag, der durch vorbeifahrende Schiffe verursacht wird, können gefährlich für Schwimmer werden. Das Elbufer hier ist allerdings zu schön, um sich diese Gelegenheit entgehen zu lassen. Gerade an heißen Sommertagen gehen die Norddeutschen hier gern ins Wasser.

Die Elbinsel in der Gemeinde Drochtersen liegt ganz in der Nähe der Fährenroute Glückstadt – Wischhafen. Um 1620 bauten Menschen hier erste Häuser, die gegen die gelegentlichen Sturmfluten mit Erdhügeln geschützt wurden. Erst in den 1970er-Jahren erhielt die Gemeinde einen schützenden Deich. Inzwischen leben hier, zwischen Reetdachhäusern und Obsthöfen, knapp 500 Menschen.

Im kleinen Ort Krautsand führt die Elbstraße direkt auf den Strand zu. Autos oder andere Fortbewegungsmittel kann man auf den beiden Parkplätzen rechter und linker Hand des Strandaufgangs stehen lassen. Mit Kindern ist es am bequemsten, in unmittelbarer Nähe des Piers oder auf Höhe des Restaurants Strandzeit seine Sandburg zu errichten. Etwas weniger los ist dann einige hundert Meter weiter: Der Strand ist so lang, dass jeder einen ruhigen Platz für sich findet.

DIE INSEL KRAUTSAND IST BESTANDTEIL EINER LANDSCHAFT NAMENS KEHDINGEN. BEKANNT IST DER LANDSTRICH FÜR SEINE ZAHLREICHEN FLÜSSE, DEN OBSTANBAU UND DIE ZUGVÖGEL, DIE IN JEDEM JAHR HIER RAST EINLEGEN. IN DIESER REGION SPIELEN AUSSERDEM ZAHLREICHE KRIMINALROMANE.

Wer sich so sehr in die idyllische Gegend verliebt hat, dass er gar nicht mehr gehen will, hat die Qual der Wahl: Auf der Insel finden sich Hotels, Ferienwohnungen und ein Campingplatz. So schön es auch ist, den ganzen Tag lang faul am Strand zu liegen: Bei Ebbe kann man auch wattwandern oder über ein ausgeschildertes Wegenetz wandern oder Rad fahren.

TIPP

Keine 30 Kilometer in Richtung Hamburg steht man schon im Herzen des deutschen Obstanbaus: in der Gemeinde Jork im Alten Land. Auf über 10 000 Hektar reifen hier Äpfel, Kirschen und anderes Obst. Reich verzierte Bauernhäuser zeugen noch heute vom früheren Wohlstand der Bauern. Im Frühjahr, wenn alle Bäume in voller Blüte stehen, wird in Jork das Blütenfest gefeiert.

Wattspaziergang an der Nordsee bei untergehender Sonne. Im Hintergrund erkennt man die Insel Neuwerk.

21 INSEL NEUWERK

Am Horizont nur Watt und Meer

Auch wenn Hamburg über 100 Kilometer von dieser kleinen Insel entfernt liegt, gehört Neuwerk doch zur Hafenstadt. Hier kann man in der Nordsee schwimmen, mit nichts als dem Horizont vor der Nase.

Baden kann man auf der nur drei Quadratkilometer großen Insel am Westufer im Bereich des Elbe-Neuwerk-Fahrwassers. Mit rund 200 Metern ist die Badestelle zwar klein, macht das aber durch ihre exklusive Lage wett. Sie ist durch Holzbohlen und Steinbuhnen befestigt, auf Kinder und ungeübte Schwimmer sollte man hier gut aufpassen. Und, natürlich: Schwimmen funktioniert nur bei Flut.

Ist das Meer mal zu rau, kann man sich auf Neuwerk ebenso gut den mächtigen Leuchtturm aus dem Jahr 1310 anschauen oder im Nationalparkzentrum vorbeigucken, wo man sich über die vielfältige Welt des Nationalparks Hamburgisches Wattenmeer informieren kann.

TIPP

Mit der Fähre fahren kann jeder – ein einmaliges Erlebnis ist es, sich zum Beispiel von Sahlenburg (Cuxhaven) aus mit dem pferdegezogenen Wattwagen nach Neuwerk kutschieren zu lassen. Das dauert etwa eine Stunde. Wer mehr Action will, kann selber durchs Watt laufen oder reiten.

1

22 GARRENSEE Glasklarer Fall

Baden wie in flüssigem Glas: Der Garrensee ist ein herrlich klarer Waldsee. Von der B208 in Richtung Ratzeburg aus links ins Wäldchen abbiegen, wo der See ausgeschildert ist. Vom Parkplatz aus sind es noch rund 500 Meter zu Fuß zum See. Baden kann man an zwei Stellen auf der Mustiner sowie an einer auf der Ziethener Seite. Der Waldweg, der um den See herumgeht, führt Besucher zu den Badestellen.

TIPP

Kaum eine norddeutsche Stadt ist so exklusiv gelegen wie Ratzeburg, das von gleich vier Seen umgeben ist. Ob Galeriebesuch, Ruderregatta oder Mittelaltermarkt: In der Domstadt wird es niemals langweilig.

23 ÖJENDORFER SEE Urban und grün

Blaues Wasser, grüne Wiesen, rauschende Baumwipfel: Der Öjendorfer See im Osten Hamburgs ist ein Baggersee, der in den 1920er-Jahren entstand, als Sand für Baumaßnahmen gebraucht wurde. Es gibt am Nord- und Südufer jeweils eine Badestelle inklusive Sandstrand, Nichtschwimmerbereich, Spielplatz, Kiosk und Toiletten.

TIPP

Alte Museumsschiffe und neue Architektur: Kaum ein Hamburger Stadtviertel ist derzeit so spannend anzuschauen wie die Hafencity zwölf Kilometer westlich des Sees. Das Herzstück ist natürlich die Elbphilharmonie, eine Besichtigung empfiehlt sich auch ohne Konzertkarten.

Erfrischender Sprung ins kühle Nass (1). Die 1870 erbaute Reitbrooker Mühle steht am Ufer der Dove Elbe (2). Das allerneueste Wahrzeichen Hamburgs: die Elbphilharmonie (3).

2

3

24 NATURBAD KIWITTSMOOR

Rein da!

In Langenhorn im Norden Hamburgs liegt dieses Naturbad, das schon seit über 80 Jahren Schwimmern seine Tore öffnet. Das Wasser ist besonders rein, da es aus einem Brunnen und durch Grundwasser gespeist wird. Das Freibad kann man auch gut mit der U-Bahn (Linie 1) oder per Fahrrad erreichen. Der Eintritt kostet 3,50 Euro für Erwachsene, Spielplatz, Gastronomie, Liegewiesen und Strand sind vorhanden.

TIPP

Mit dem Hamburg Airport liegt Deutschlands ältester Flughafen nur fünf Kilometer entfernt: Hier gibt es drei Aussichtsplattformen und ein detailgetreues Modell.

25 DOVE ELBE Im Fluss der Stadt

Im Fluss baden, und das mitten in Hamburg? Das geht nicht nur am berühmten Elbstrand, sondern schöner und versteckter noch im Südosten der Stadt. Der gemächliche Nebenarm der Elbe ist bei Schwimmern genauso beliebt wie bei Ruderern. Parkplätze gibt's an der Straße »Moorfleeter Deich« beim Eichbaumsee. Auf einem Steg liegend, lässt man hier gern Wasser, Boote und Alltagsstress an sich vorbeiziehen.

TIPP

In direkter Nachbarschaft zur Badestelle liegt das berühmte Wassersportzentrum Hamburg-Allermöhe mit seiner Regattastrecke. Seit mehreren Jahrzehnten trainieren hier Deutschlands beste Ruderer und Kanuten.

Blick von oben auf die Mecklenburger Seenplatte. Hier sieht man die vielen kleinen Wasserstellen der Region besonders gut.

DIE MECKLENBURGER SEENPLATTE

Das Land der 1000 Seen

Sich dahinschlängelnde Flüsse, Seen so groß wie Meere, einladende Gewässer: Wer die Mecklenburger Seenplatte besucht, weiß, warum Mecklenburg-Vorpommern das »Land der 1000 Seen« genannt wird. Bei so großer Vielfalt kann man sich beinahe nicht entscheiden, wo man sich zuerst abkühlen soll.

Ursprünglich war die Seenplatte eine riesige Wasserfläche. Als sich der Wasserspiegel absenkte, blieben die unzähligen Gewässer zurück, in denen wir heute schwimmen, surfen und angeln können. Die Seenplatte bildet heutzutage ein riesiges Netzwerk aus Wasserstraßen, die bis nach Berlin führen – und sogar weiter, bis nach Hamburg.

Es gibt wohl kein schöneres Urlaubsgefühl, als sich ein Kanu oder ein Boot zu mieten und ganze Tage auf den vielen Seen zu verbringen, die miteinander verbunden sind.

Wer mit einem Hausboot unterwegs ist, kann sogar auf dem Wasser übernachten und sich von den sanften Wellen in den Schlaf schaukeln lassen. Morgens, wenn die Sonne über der stillen Fauna des Müritz-Nationalparks aufgeht, zum Wachwerden einen Köpper ins Wasser machen – mehr Erholung geht fast nicht.

»DIE TOP 3 BADESTELLEN DER REGION«

1. **Badestelle Feisneck**
   (53°30′11.2″N 12°42′07.2″E)
   www.mueritz.de

2. **Schmaler Luzin**
   (53°18′53.6″N 13°25′49.2″E)
   www.feldberger-seenlandschaft.de

3. **Plauer See**
   (53°29′14.8″N 12°19′15.1″E)
   www.plau.de/plauer-see

Der Ort Waren an der Müritz ist einer der Hauptorte der Urlaubsregion rund um die Mecklenburgische Seenplatte. Der Kirchturm, der aus dem Dächermeer herausragt, ist die Sankt-Marien-Kirche (1). Frühlingsstimmung mit Tulpenblüte an der Müritz – da freuen sich die Vögel, die hier leben (2).

2

26 DIE MÜRITZ Herz des Seenlands

Klare Sache: Die Müritz ist eines der Traumziele in Deutschland für all jene, die schöne Badegewässer und Natur mögen. Mit über 100 Quadratkilometern Fläche ist die Müritz der größte Binnensee, der komplett innerhalb der deutschen Grenzen liegt. Sie entstand während der jüngsten Eiszeit und hat besonders klares Wasser. Dessen Qualität ist so gut, dass die Müritz sowie der angrenzende Feisnecksee schon mehrmals hintereinander die Blaue Flagge als Zeichen hervorragender Badegewässer verliehen bekommen haben.

Gleichzeitig ist die Müritz über die Mecklenburger Seenplatte an ein riesiges Wasserstraßennetz angeschlossen. Für alle Wassersportler – oder die, die es noch werden wollen – ist die Gegend also ideal. Den See kann man per Kanu, Surfbrett, Hausboot oder Jacht entdecken. Wer sich einfach nur entspannen möchte, nimmt eines der Ausflugsschiffe von Waren aus, um die Müritz und angrenzende Seen zu erkunden.

Zum entspannten Bad lädt die Badestelle Feisneck am gleichnamigen See, einem kleinen See in direkter Nähe zur Binnenmüritz. Besucher erwartet hier ein 50 Meter langer Naturstrand, Holzstege, von denen aus man ins Wasser springen kann, und der Blick auf bewaldete Ufer. Die Badestelle wird von der DLRG überwacht, Toiletten und Parkplätze sind ebenso vorhanden wie ein Kinderspielplatz.

Mehr Infrastruktur bietet das Volksbad in Waren, ein Freibad, in dem man direkt in der Müritz badet. Hier gibt es einen langen Sandstrand, Badestege, ausreichend Platz auf der Liegewiese, Volleyballfelder. Kinder können sich in mehreren Nichtschwimmerbereichen sowie auf einer über 60 Meter langen Wasserrutsche austoben.

Herz der Gegend ist die Stadt Waren, sowohl staatlich anerkanntes Heilbad als auch Luftkurort. In verschiedenen Wellness- und Gesundheitszentren können sich Besucher von der Heilkraft der hiesigen Mineralsole überzeugen. Der idyllische Hafen der Stadt macht Lust auf Bootstouren über die Müritz. Am Fluss beginnt eine charmante Flaniermeile, die Besucher direkt in die Altstadt führt. Einen Abstecher wert ist der kleine Ort Röbel am Westufer der Müritz, der schon allein durch seine idyllische Uferpromenade Urlaubsfeeling aufkommen lässt.

ER WAR EINER DER BEKANNTESTEN ALTERTUMSFORSCHER WELTWEIT: HEINRICH SCHLIEMANN, DER GLAUBTE, BEI AUSGRABUNGEN IN DER TÜRKEI DEN TROJA-SCHATZ GEFUNDEN ZU HABEN. SEIN ELTERNHAUS IM 20 KILOMETER ENTFERNTEN ANKERSHAGEN IST HEUTE EIN SPANNENDES MUSEUM.

TIPP

Von der Wasserwelt noch nicht genug? Im Müritzeum kann man Deutschlands größte Aquarienlandschaft für heimische Süßwasserfische bestaunen. Das Aquarium befindet sich im Herzen von Waren und führt auf unterhaltsame Weise durch die Tier- und Pflanzenwelt des Müritz-Nationalparks und der Mecklenburgischen Seenplatte. Höhepunkt ist das zweigeschossige Wasserbecken mit dem silbern funkelnden Fischschwarm.

27 SCHMALER LUZIN

Hier fühlen sich Otter und Adler wohl

Der Naturpark Feldberger Seenlandschaft im Südosten des Bundeslandes darf in der To-Swim-Liste einer Wasserratte keinesfalls fehlen. Geprägt wird er von seinen Seen wie dem Carwitzer See, dem Breiten Luzin oder dem Feldberger Haussee ebenso wie durch seine großen Waldflächen, in denen sich seltene Pflanzen- und Tierarten zuhause fühlen.

Besonders schön ist der Schmale Luzin. Hierbei handelt es sich um einen sogenannten Rinnsee, also eine ehemalige Rinne für Schmelzwasser. Das erklärt sein ungewöhnliches Aussehen: Der See ist sehr lang, schmal und tief. Im See leben neben zahlreichen Fischen auch mehrere Krebsarten, und auch Otter sowie Adler fühlen sich hier wohl. Ein weiteres Merkmal des Sees ist die handbetriebene Fähre, die den Ort Feldberg mit dem Ortsteil Hullerbusch verbindet. Drei Badestellen gibt es: eine am Nordufer, den FKK-Strand am Westufer sowie die Badestelle im Ort Carwitz.

TIPP

Im Müritz-Nationalpark kann sich die Natur so entwickeln, wie sie möchte. Moore, Seen und Wälder bilden zusammen mit der vielfältigen Tierwelt eine einzigartige Kulisse. 400 Kilometer Rad- und Wanderwege gibt es im Park. Besonders sehenswert ist im Herbst die Ankunft der Kraniche, die sich auf den Weg in den Süden machen.

Der See ist nur zwischen 150 und 300 m breit, aber etwa sieben km lang und liegt im Naturpark Feldberger Seenlandschaft.

Bootshäuser an der Mündung der Elde (längster Fluss Mecklenburg-Vorpommerns) am Plauer See.

28 PLAUER SEE Der Allrounder

Wer in diese Region zum Baden kommt, muss einfach Halt am himmelblauen Plauer See machen. Ob Angeln mit Touristenschein, Wassersport, Sandburgen bauen oder die Natur genießen – der drittgrößte See des Bundeslandes bietet für jeden Geschmack etwas. Viele naturnahe Badestellen finden sich zum Beispiel bei Alt Schwerin, Sandstrand und Spielplätze hingegen in der Seeluster Bucht.

TIPP

In Stuer liegt mit dem »Bärenwald« das größte Bärenschutzzentrum Westeuropas. In diesem Besucherzentrum mitten im Wald leben Bären, die aus nicht artgerechter Haltung befreit wurden. Das Zentrum hat ganzjährig für Besucher geöffnet.

1

2

Fliederblüte in Plau am See (1). Die früheste Urkunde über die Gründung des Klosters Dobbertin stammt aus dem Jahr 1227 (2).

29 KRAKOWER SEE Kopfüber ins Wasser

Mit vollem Anlauf Richtung Abkühlung: Der idyllische Krakower See glänzt durch viele ruhige Badestellen und Holzstege, von denen aus man ins Wasser springen kann. Mitten in der Natur schwimmt man etwa an der Franzosen-Badestelle gegenüber der historischen Badeanstalt oder auf der Insel Schwerin. Wer mit Familie kommt, sollte der über 100 Jahre alten Badeanstalt in Krakow am See einen Besuch abstatten.

TIPP

Krakow am See ist als Luftkurort bekannt für seine hohe Luftqualität und die idyllische Landschaft rundherum. Der 3000-Einwohner-Ort liegt mitten im Naturpark Nossentiner / Schwinzer Heide, ideal zum Wandern und Radfahren.

30 KÖLPINSEE Natürlich mit Familie

Lust auf klares Wasser, viel Natur, sandigen Boden, und das am besten noch kinderfreundlich? Dann ist der Kölpinsee genau das richtige Ziel. Die Badestelle mit besonders flachem Einstieg liegt mitten im Wald und ist von der Straße Eldenholz aus gut zu erreichen. Vom Parkplatz aus sind es nur noch wenige Meter zu Fuß. Der See ist mit durchschnittlich 3,5 Metern nicht tief und wird im Sommer schnell warm.

TIPP

Keine Wehre, kaum Strömung: Die Mecklenburger Seenplatte ist ideal für Kanufahrten – auch für Anfänger! Zwischen Juni und August blühen Tausende Seerosen.

31 DOBBERTINER SEE Blick ins Mittelalter

Schwimmen vor historischer Kulisse? Auf zum Dobbertiner See! An seinem Nordufer liegt das Kloster Dobbertin, die mittelalterliche Anlage des Benediktinerordens, die dem See seinen Namen gab. Hier gibt es eine Liegewiese, einen überdachten Picknicktisch sowie einen Kinderspielplatz. Schwimmend kann man den Blick über See und Kloster genießen.

TIPP

Die Klosteranlage ist denkmalgeschützt und allein wegen ihrer Architektur sehenswert; die Bauten bestehen beinahe komplett aus Backstein. Zu ihr gehört ein weitläufiger Park aus dem Jahr 1840 mit altem Baumbestand.

Einige Bewohner von Stolpe rund um die Kirche am Stölpchensee haben direkten Zugang zum Wannsee.

IN UND UM BERLIN

Die große Auswahl von urban bis natürlich

Mit über 60 Gewässern ist Berlin nicht nur Landeshauptstadt, sondern auch die Hauptstadt der Seen. Badeerlebnisse gibt es hier für jeden Geschmack: Urban und mitten in der Stadt genauso wie fernab des Trubels und naturbelassen. Besonders in den großen Waldgebieten findet man idyllische Badeoasen.

Die Sommer in Berlin können sehr schnell heiß werden. Wer eine Abkühlung sucht, muss zum Glück nie lange suchen: Knapp zehn Prozent des Stadtgebiets sind reine Wasserflächen. Bekannte Gewässer wie der Wannsee oder Flüsse wie Spree und Dahme sind untrennbar mit dem Namen der Hauptstadt verbunden.
Mit dem Fahrrad, der Straßenbahn, dem Bus oder zu Fuß gelangt man fix ans nächste natürliche Badegewässer. Die ähneln mal mehr einem Freibad und mal einem einsamen Waldsee – hier findet jeder den Sonnenplatz, der für seinen Geschmack der richtige ist. Berlin ist durchzogen von großen Waldgebieten, sodass man schnell ins Grüne kommt. Die meisten Gewässer sind außerdem so klar, dass man unter Wasser viele Meter weit sehen kann. Also: Schnorchelausrüstung nicht vergessen!

»DIE TOP 3 BADESTELLEN DER REGION«

1. **Krumme Lanke**
   (52°27'07.7"N 13°14'01.6"E)
   www.berlin.de/tourismus/seen
2. **Großer Müggelsee**
   (52°26'41.6"N 13°40'33.9"E)
   www.visitberlin.de/de/mueggelsee
3. **Straussee**
   (52°35'17.2"N 13°53'12.7"E)
   www.stadt-strausberg.de

Kanal in Neu-Venedig, einer Wohnsiedlung im Berliner Stadtteil Rahnsdorf an der Müggelspree (1). Die Ortsteile Köpenick, Friedrichshagen und Rahnsdorf des Berliner Bezirks Treptow-Köpenick teilen sich den Müggelsee (2).

2

32 MÜGGELSEE Der Größte von allen

Wer einen lauen Sommernachmittag in der pittoresken Altstadt des berühmten Berliner Stadtteils Köpenick verbracht hat, der sollte sich einen Abstecher zum Großen Müggelsee in direkter Nachbarschaft nicht entgehen lassen. Mit über sieben Quadratkilometern Wasserfläche ist er der größte der Berliner Seen. Er liegt im Südosten der Stadt und gehört zu den Ortsteilen Köpenick, Friedrichshagen und Rahnsdorf.
Am Großen Müggelsee bieten sich mehrere idyllische Möglichkeiten an, ins Wasser zu waten, beispielsweise bei Friedrichshagen. Vor historischer Kulisse schwimmt man im Strandbad am Nordufer des Müggelsees. Es ist im Jahr 1929/30 erbaut worden, nachdem das alte Freibad im Jahr 1928 abgebrannt war. Die denkmalgeschützte Anlage bietet über 500 Meter Sandstrand sowie einen FKK-Bereich. Der Eintritt ist kostenlos. Viele Meter lang geht es flach ins Wasser, sodass auch Kinder hier sorglos spielen können. Am Wochenende passen die DLRG sowie der ASB auf ihren Wasserwachtstationen auf.
Die Sportausrüstung nicht vergessen: Nach Herzenslust kann man überall auf dem See segeln und surfen. Mit motorisierten Booten kann man in den gekennzeichneten Fahrrinnen umherdüsen. Rund um den See gibt es zahlreiche Restaurants, Cafés, Stege und Bootshäuser. Durch den Müggelsee fließt die Spree – durch seine Anbindung an Berlins Wasserstraßennetz wird er als Schifffahrtsstraße genutzt. Eine wunderschöne Tour ist es, mit einem Ausflugsschiff vom Stadtzentrum aus über die Spree bis zum Müggelsee zu fahren.
In direkter Nachbarschaft liegt der Kleine Müggelsee, in dem man ebenfalls entspannt baden kann. Rund um beide Seen und ihre bewaldeten Ufer führt ein Wanderweg. Man kommt so auch am Museum im Alten Wasserwerk am Nordufer vorbei, ein Industriemuseum, das sich unter anderem der Gewinnung von Trinkwasser widmet.

WOHER DER EIGENTÜMLICHE NAME »MÜGGEL« STAMMT UND WOFÜR DER BEGRIFF STEHT, IST BIS HEUTE UNKLAR. ALS AM WAHRSCHEINLICHSTEN GILT ES, DASS »MÜGGEL« VON DEM GERMANISCHEN WORT FÜR NEBEL ODER WOLKE ABGELEITET IST.

Am Südrand des Sees schließen sich die Müggelberge an. Sie sind an ihrem höchsten Punkt 115 Meter hoch und bilden somit die höchste Erhebung in Berlin. Hier steht auch der Müggelturm, von dem aus man einen fantastischen Ausblick über die bewaldete Landschaft und, im Nordwesten, über das Panorama der ganzen Stadt hat. 126 Stufen führen knapp 30 Meter in die Höhe.

TIPP

Ganz in der Nähe, zwischen den Ortsteilen Rahnsdorf und Hessenwinkel, liegt ein besonderes Naherholungsgebiet: Klein-Venedig. Die Gegend mit dem klangvollen Namen kann sich durchaus am Original messen lassen: Zwischen zahlreichen kleinen Spreeinseln verlaufen malerische Kanäle. Es ist der ideale Ausgangspunkt für Touren per Kajak oder Paddelboot.

Der Große Wannsee liegt im Berliner Bezirk Steglitz/Zehlendorf (1). Sommer, Sonne, Wannseestrand (2). Das Schloss Pfaueninsel ließ Friedrich Wilhelm II. zwischen 1787 und 1792 errichten (3).

1

34 WANNSEE

See mit Geschichte

Der Wannsee ist eine Erweiterung der Unterhavel und gilt als der beliebteste Badesee der Landeshauptstadt. Kein Wunder: Hier kann man schwimmen, segeln oder Schiffstouren unternehmen. An diesem größten See der Havel-Gewässer kann man an vielen Stellen ins klare Wasser tauchen. Am Großen Wannsee liegt das denkmalgeschützte Strandbad, das größte Binnenseebad Europas. Im Sand oder Strandkorb liegend, mit Blick aufs Wasser, fühlt man sich wie am Meer (Eintritt für Erwachsene: 5,50 Euro).

TIPP

Der Wannsee ist eng mit dem dunkelsten Kapitel deutscher Geschichte verknüpft: Das »Haus der Wannsee-Konferenz« ist eine eindrückliche Erinnerung an die NS-Zeit. Künstlerische Schwerpunkte hingegen setzt das Museum über den bedeutenden Maler Max Liebermann.

33 KRUMME LANKE

Per U-Bahn zum Badespaß

Bequemer geht es fast nicht: Dieser bekannte Berliner Badesee mitten im Grünen hat sogar seine eigene U-Bahn-Haltestelle (Linie 3). Fast der gesamte See liegt im Grunewald. Die bewaldeten Ufer und seine schmale Form sorgen für das Gefühl, in einem versteckten Waldsee zu schwimmen. Zwischen den Bäumen findet jeder Besucher seinen eigenen, privaten Badeplatz. Einen Sandstrand inklusive kleinem Spielplatz gibt es an der nördlichen Spitze, am Südufer findet man Liegewiese und FKK-Strand.

TIPP

Nur 15 Kilometer entfernt liegt Brandenburgs Hauptstadt Potsdam. Ob Schloss Sanssouci mit seinem prächtigen Park, das Filmstudio Babelsberg oder die Stadt selbst mit ihrem Holländischen Viertel: Hier gibt es viel zu entdecken.

35 GROß GLIENICKER SEE

Saubere Sache

Der Groß Glienicker See im Stadtteil Spandau im Südwesten der Stadt teilt Berlin von Brandenburg. Die Landesgrenze verläuft mitten durch den See, der als einer der klarsten der Bundeshauptstadt gilt. Es gibt zwei offizielle Badestellen: das »Moorloch« am südlichen Ufer sowie die »Pferdekoppel« am nördlichen Ende. Das Moorloch ist die familienfreundlichere Badestelle mit Biergarten, mobilen Toiletten, Bolzplatz, Spielplatz, einer Wasserrettungsstation sowie Parkplätzen.

TIPP

Wenige Kilometer südlich des Sees liegt die Pfaueninsel in der Havel, ein idyllischer Landschaftspark mit Schloss, den die UNESCO zum Weltkulturerbe ernannt hat. Hier kann man auf den Spuren der preußischen Könige wandeln. Die Fähre legt am Nikolskoer Weg ab.

29
30
31
32
33
35
36
37
41
142
143
144
145
146
147
222

Der Liepnitzsee gehört zur Stadt Bernau und gilt als besonders sauber (1 und 2). Schloss Oranienburg an der Havel wurde im holländischen Barockstil errichtet (3).

2

36 STRAUSSEE Klar zum Schnorcheln

Einer der klarsten Seen der Gegend ist der Straussee bei Strausberg nordöstlich von Berlin. Auf der stadtnahen Seite gibt es mehrere Badestellen sowie ein öffentliches Schwimmbad im Stil der 1930er-Jahre. In der Mitte des Sees fährt eine elektrisch betriebene Fähre. Schöner ist das Baden auf der gegenüberliegenden Seite: Die Ufer sind bewaldet und flach, der Sand ist hell, und stets hat man den Ausblick auf das Panorama der historischen Stadt. Man sollte Schnorchel und Taucherbrille mitbringen, um Fische und Flusskrebse zu beobachten.

TIPP

Etwa zehn Kilometer östlich von Strausberg liegt der Naturpark Märkische Schweiz. Er ist der kleinste Park seiner Art in Berlin-Brandenburg, liegt in einer gut erschlossenen Wanderregion und ist auch bei Radfahrern sehr beliebt.

37 LIEPNITZSEE Flüssiges Farbenspiel

Dieser See nördlich von Berlin verbreitet echtes Urlaubsgefühl: Das Wasser schimmert hellblau bis türkisgrün, an seinen Ufern rauschen die Bäume im Sommerwind. Am Liepnitzsee gibt es zahlreiche Badestellen, beispielsweise am Nordufer in der Nähe des Fähranlegers. Man kann sie über das Waldstück an der Straße »Am Liepnitzsee« erreichen. Die Fähre bringt Besucher zur 30 Hektar großen Insel Großer Werder. Auch hier befindet sich ein Badestrand, gemischt für FKK und Textil. Am Strandbad am Westufer kann man sich Kanus und Tretboote ausleihen.

TIPP

Knapp 15 Kilometer westlich des Sees liegt das Schloss Oranienburg, das sich schon wegen seiner idyllischen Parkanlage aus dem 17. Jahrhundert lohnt. Sehenswert sind auch die barocke Architektur und das Schlossmuseum.

38 WEIẞER SEE

Gemütlicher Stadtsee

Der Weiße See im nordöstlich gelegenen Stadtteil gleichen Namens ist sicherlich einer der gemütlichsten Seen Berlins. Hier gibt es ein Strandbad aus dem Jahr 1920 und einladende Cafés, mit Tretbooten kann man übers Wasser schippern. In der Nähe runden außerdem ein Park und ein Tiergehege das naturverbundene Freizeitangebot ab. Der See ist klein, aber tief, sodass sein Wasser immer eine hervorragende Qualität hat.

TIPP

Drei Kilometer vom Weißen See entfernt liegt jedem, der mag, das Universum zu Füßen: Im Zeiss-Großplanetarium an der Prenzlauer Allee scheint der Sternenhimmel zum Greifen nah. Die Kuppel zählt zu den größten unter Europas Planetarien. Die Ausstellungen und Shows sind unterhaltsam und lehrreich.

BRANDENBURG

Naturparadies zwischen Wäldern und Seen

An einem heißen Sommertag radelt man eine Baumallee entlang, um erhitzt am nächsten See anzukommen. Hier wartet – endlich! – Abkühlung. Eine Erinnerung aus der Kindheit? Nicht doch: Brandenburg lässt diese Erlebnisse wieder lebendig werden. Viele Landstriche sind ein wahres Naturparadies.

Über ein Drittel der Fläche Brandenburgs gehört Wäldern, Naturparks, Heidelandschaften und Seengebieten. Ob der Spreewald mit seiner einzigartigen Landschaft, das wasserreiche Boitzenburger Land oder der Naturpark Uckermärkische Seen mit seinen zahlreichen Gewässern – die natürliche Vielfalt ist grandios. Auch Flüsse gibt es zuhauf – und sie sind hier so klar, dass sich sogar Lachse und Biber wohlfühlen.

Wunderschöne Naturschutzgebiete wechseln sich ab mit idyllischen Städten mit historischem Kern und malerischen Schlössern. In keinem anderen Bundesland lässt sich in solch landschaftlicher Idylle baden. Brandenburg ist jedoch auch das Urlaubsland für Kanuten, Kapitäne, Wanderer und Radfahrer. Große Teile des »Blauen Paradieses« liegen in Brandenburg – es ist das größte zusammenhängende Wassersportrevier Europas.

»DIE TOP 3 BADESTELLEN DER REGION«

1. **Breitlingsee**
   (52°22'19.1"N 12°28'47.7"E)
   www.seecamp-malge.de
2. **Waldbad Zeischa**
   (51°30'04.9"N 13°27'08.5"E)
   www.campingplatz-waldbad-zeischa.de
3. **Scharmützelsee**
   (52°16'46.3"N 14°03'23.5"E)
   www.scharmuetzelsee.de/de

Die Spreewaldkanäle eignen sich hervorragend für eine idyllische Kanutour.

39 ELBE BEI LANZ

Einsame Strände mit Grenzblick

Zwischen den Orten Lanz und Cumlosen, mitten im Dreiländereck Brandenburg, Sachsen-Anhalt und Niedersachsen, entfaltet das Elbtal seine volle Schönheit: seltene Tierarten, kleine Wäldchen, der von dannen ziehende Fluss. Wer dem Elbverlauf bis zu den kleinen Ortschaften Lütkenwisch und Jagel folgt, wird auf wenigen hundert Metern zahlreiche idyllische Badestellen finden. Grund dafür sind sogenannte Buhnen, also in den Flusslauf hineingebaute Dämme. Zwischen den Buhnen fließt das Wasser sehr viel langsamer, und an den dem Fluss abgewandten Seiten wird Sand aufgespült. Dadurch entsteht eine Art privater Sandstrand. Auch geübte Schwimmer sollten im Bereich der Buhnen bleiben, da die Elbströmung stark ist. Hier kann man die Natur und ganz viel Ruhe genießen, während das Wasser plätschernd die Knöchel umspielt.

TIPP

Mit der Stepenitz fließt der sauberste Fluss Brandenburgs durch die nahe Stadt Perleberg. Der malerische Fluss kann überwiegend noch seinem natürlichen Lauf folgen, sein Tal ist seit 2004 Naturschutzgebiet. Seltene Tiere wie Biber oder Eisvögel, Lachse und Meerforellen lassen sich hier bei einer Radtour wunderbar beobachten.

In Flusslandschaften, die weitgehend naturbelassen sind, fühlen sich Biber besonders wohl.

Wassersportfreuden am Scharmützelsee (1). Abends, wenn die Badegäste weg sind, stellt sich am See eine ganz andere Stimmung ein (2).

40 SCHARMÜTZELSEE Sportlich, sportlich

Rund 60 Kilometer östlich von Berlin eröffnet sich ein malerisches Seengebiet, in dem sich Sportbegeisterte voll und ganz ausleben können: Der sanft hügelige, bewaldete Naturpark Dahme-Heideseen wird von zahlreichen Seen geprägt, in denen geschwommen, gesurft und gesegelt werden kann. Das gilt besonders für den Scharmützelsee. Mit einer Wasserfläche von zwölf Quadratkilometern ist er der zweitgrößte natürliche See Brandenburgs. Er schlängelt sich in seiner länglichen Form von Nord nach Südwest, ein Überbleibsel aus der jüngsten Eiszeit. Der See ist touristisch gut erschlossen. Ob baden, segeln, angeln, rudern, surfen, Motorboot fahren, ob per Wasserski, Tretboot oder Wakeboard – hier ist alles möglich.

Einen Sandstrand inklusive Strandkörben, Liegewiese und angeschlossenem Restaurant gibt es im Strandbad der Stadt Bad Saarow am Nordufer. Der Eintritt ist frei, Liegen und Stühle kann man gegen Gebühr vom Betreiber ausleihen. Geöffnet hat das Bad bei Badewetter zwischen 10 und 18 Uhr. Naturbelassene Badestellen hingegen gibt es zum Beispiel am Westufer: Wenn man der Straße »Alte Eichen« folgt, erblickt man direkt hinter dem Segelverein einen idyllischen Platz zwischen den Bäumen, inklusive Liegewiese, Parkplatz und Toiletten.

Mehrere Badestellen inklusive Spielplätzen und Volleyballfeldern gibt es auch im kleinen Ort Wendisch Rietz am südlichen Zipfel des Sees sowie auf der östlichen Seite in Diensdorf und Radlow.

Wer eine Abwechslung zum Scharmützelsee haben möchte, der hat außerdem den benachbarten Storkower See sowie über 20 verschiedene Waldseen zur Auswahl. Die gesamte Gegend ist durch ihre naturbelassene Landschaft außerdem hervorragend geeignet für alle Arten von Sport, Wandern und Fahrradfahren genauso wie Golfen oder Tennis. Wer sich einfach nicht von dieser Urlaubsregion trennen möchte, dem stehen zahlreiche Ferienwohnungen, Hotels, Ferienparks und Wellness-Unterkünfte zur Verfügung. Der Sommer fällt mal ins Wasser? Kein Problem: In der SaarowTherme kann man sich unabhängig von Regen und Sonnenschein verwöhnen lassen.

ERSTMALS ERWÄHNT WURDE DER SEE IN EINER URKUNDE ANFANG DES 14. JAHRHUNDERTS. DER URSPRUNG SEINES NAMENS LIEGT IN DER SLAWISCHEN SPRACHE. DICHTER THEODOR FONTANE, DER DIESE REGION BRANDENBURGS BERÜHMT GEMACHT HAT, NANNTE DEN SEE »MÄRKISCHES MEER«.

TIPP

Unzählige Gewässer, Hügel, Wälder und Moore, dazu Städte und historische Dörfer: Der Naturpark Dahme-Heideseen ist für jeden Urlauber eine Reise wert. Man kann die Gegend vom Schiff oder Kanu aus entdecken, ebenso gut aber auch an Land, denn es gibt zahlreiche Touren für Wanderer und Radfahrer. Das Besucherzentrum in der mächtigen Burg Storkow glänzt mit spannenden Ausstellungen über Flora und Fauna.

41 WALDBAD ZEISCHA

Funkelndes Wasser mit Heidestrand

Wer das Waldbad Zeischa, drei Kilometer südöstlich von Bad Liebenwerda, betritt, vermutet erst einmal nichts Ungewöhnliches: Hierbei handelt es sich um ein Freibad mit Parkplätzen, Wasserrutschen, Nichtschwimmerbereich, Spielplätzen und angrenzendem Campingplatz. Nur gibt es kein gewöhnliches Schwimmbecken. Stattdessen wartet auf die Besucher ein über 50 Hektar großer Baggersee mit klarem Wasser und sandigem Untergrund. Das Freibad umschließt eine Bucht des Sees. Dessen Ufer laden mit weißem Sand, Heidelandschaft und Birken zum Verweilen ein. Im restlichen See wird noch Kiesabbau betrieben; er ist von der Bucht abgetrennt. Der See ist rein aus Grundwasser gespeist, sein Wasser ist klar und weich. Im Sommer erwärmt es sich auf bis zu 25 Grad. Bis weit in den Herbst hinein lockt der Kiessee noch mit angenehmen Temperaturen.

TIPP

Bekannt ist die Kurstadt Bad Liebenwerda wegen ihrer reinen Luft und erholsamen Atmosphäre. Außerdem lockt die Stadt mit originellen Festen wie dem Waldbadfest am Kiessee, dem Brunnenfest oder der »Langen Nacht des Puppenspiels«, wenn auf Bühnen in der ganzen Stadt Puppen- und Marionettentheater vorgeführt werden.

Ein schöner Zungenbrecher: der Zeischaer Kiessee, der zum Naturpark Niederlausitzer Heidelandschaft gehört.

Schloss Boitzenburg in der Uckermark war jahrhundertelang Sitz der Familie von Arnim (1). Mit dem Hausboot unterwegs auf der an einigen Stellen seenähnlichen Havel (2). Der Schwielowsee, einer der Havelseen (3).

43 HAVELSEEN Der Fluss verbindet

Wie kein anderes Gewässer prägt die Havel die Landschaft rund um die Städte Brandenburg und Potsdam. Westlich von Brandenburg hat sich eine Seenplatte herausgebildet, deren größter See der Breitlingsee ist. An der Badestelle Malge am Südufer geht es von einem feinsandigen Abschnitt aus ins Wasser, Infrastruktur sucht man hier vergebens. Am Schwielowsee bei Potsdam findet man Strände für die ganze Familie, beispielsweise im Strandbad Ferch am Südufer. In Caputh am Ostufer kann man mit einem Cocktail in der Hand dem Sonnenuntergang zusehen.

TIPP

Sieben ineinander übergehende Seen, eingebettet in ein riesiges Wassergebiet: Die Brandenburger Havelseen lassen sich am besten vom eigens gemieteten Hausboot aus erleben. Im Havelland gibt es zahlreiche Verleiher, auch für mehrtägige Törns.

42 SCHUMELLENSEE Baden unter Buchen

Lange Stege im Wasser, ein Drei-Meter-Sprungturm, eine Badestelle unter rauschenden Buchen – ohne Frage, der Schumellensee geizt nicht mit natürlichen Reizen. Das 26 Hektar große Gewässer liegt mitten im schönen Naturpark Uckermärkische Seen. Wegen seiner guten Wasserqualität ist der Schumellensee auch bei Tauchern beliebt. Die Natur-Badestelle Boitzenburg mit ausgedehnter Liegewiese befindet sich am Ostufer auf der dem Krienkowsee zugewandten Seite, Anfahrt über die Landesstraße 217.

TIPP

Wanderfreunde können von Boitzenburg aus zu Fuß zum See laufen, denn mit dem »Kleinen Boitzenburger« führt einer der schönsten Wege des Bundeslandes hier vorbei. Der »Carolinenhain« zwischen Boitzenburg und See beeindruckt durch seine uralten Baumbestände.

44 ODERBRUCH Historische Flusslandschaft

Diese Flusslandschaft verbindet auf rund 60 Kilometern Polen und Deutschland miteinander. Hier gibt es zahlreiche Badestellen mitten in der Natur. Eine wunderschöne, historische Kulisse bietet der Klostersee im Ort Altfriedland. Die Badestelle liegt zentral im Ort und bietet einen kleinen Strand, Liegewiese, Spielplatz und Stege, von denen aus man ins Wasser springen kann. Von der mittelalterlichen Klosteranlage stehen heute noch die Klosterkirche sowie ein Kreuzgang und das Refektorium mit seinem Sternengewölbe. Stärkung für fleißige Schwimmer gibt es in der Klosterschänke.

TIPP

Noch nicht genug von so viel historischem Charme? Dann lohnt sich eine Fahrt nach Neuhardenberg auf der anderen Seite des Kietzer Sees. Das klassizistische Schloss trägt die Handschrift des berühmten Architekten Karl Friedrich Schinkel.

Der Berzdorfer See am südlichen Stadtrand von Görlitz ist Teil des Lausitzer Seenlandes.

SACHSEN UND SACHSEN-ANHALT

Die Vergangenheit formt die Zukunft

Verlassene Steinbrüche, ehemalige Tagebaureviere, zerklüftete Felsen, wilde Flüsse: Landschaftlich haben diese beiden östlichen Bundesländer Naturliebhabern viel zu bieten. Wer gerne in klaren Gewässern schwimmt, hat hier die Qual der Wahl – versehen mit einem Hauch Abenteuer.

In Sachsen und Sachsen-Anhalt ist die Landschaft stark von der industriellen Vergangenheit geprägt, vor allem durch den Abbau von Kohle. Was zunächst nicht attraktiv klingen mag, ist für Wasserratten heutzutage ein großes Glück. Ehemalige Tagebaureviere wurden stillgelegt und renaturiert und sind inzwischen attraktive Badeorte mitten in der Natur. Es sind tiefe, klare Seen entstanden, die nicht nur Familien, sondern auch Wassersportlern und Badeurlaubern gleichermaßen viele Möglichkeiten liefern.

Die Vergangenheit prägt auch entscheidend die Landschaft der Zukunft: Mit dem Neuseenland bei Leipzig und dem Lausitzer Seenland an der polnischen Grenze entstehen riesige Seengebiete, die ideal für einen Urlaub am Wasser sind. Ob Dresden, Leipzig oder die Lutherstadt Wittenberg: Kultur und Geschichte sind dabei nie weit entfernt.

»DIE TOP 3 BADESTELLEN DER REGION«

1. **Talsperre Kriebstein**
   (51°01'43.7"N 12°59'39.1"E)
   www.talsperre-kriebstein.de

2. **Bergwitzsee**
   (51°47'35.3"N 12°34'53.9"E)
   www.bergwitzsee.de

3. **Bärwalder See**
   (51°23'36.0"N 14°34'42.2"E)
   www.baerwalder-see.eu

1

Der Bergwitzsee entstand aus dem Restloch des dortigen Tagebaus und hat heute einen enormen Freizeit- und Erholungswert für die Region (1). Am Marktplatz der Elbstadt Wittenberg reihen sich die farbenfrohen Fassaden rund um die Stadtkirche aneinander (2).

45 BERGWITZSEE früher Baggern, heute Baden

Der Bergwitzsee ist einer der schönsten Badeorte in Sachsen-Anhalt: Sein Untergrund ist wunderbar weich unter den Fußsohlen, das Wasser ist klar, die Ufer sind hell und sandig. Er liegt zwischen dem Naturpark Dübener Heide im Süden, dem Biosphärenreservat Mittelelbe und dem Dessau-Wörlitzer Gartenreich – allein das zeigt, wie natürlich man hier schwimmen kann. Der große See mit einer Uferlänge von insgesamt rund acht Kilometern ist umgeben von einem abwechslungsreichen Baumbestand; vor allem die vielen Birken am sandigen Ufer verleihen dem See eine sommerliche Atmosphäre. Rund um den See führt ein Pfad, sodass man sich an mehreren Stellen Rastplätze und Einstiege ins Wasser suchen kann.

Der See entstand in einer Zeit, als in der Region noch Braunkohle abgebaggert wurde. In den 1960er-Jahren wurde das stillgelegte Baggerloch rekultiviert und die Uferbereiche naturnah gestaltet. Heute merkt man dem See seine industrielle Vergangenheit dank dieser Anstrengungen überhaupt nicht mehr an.

Am besten ist es, mit dem Fahrrad hierher zu kommen: Der Radweg Berlin-Leipzig sowie der Europa-Radweg R1 führen am See vorbei. Wer mit dem Auto anreist, kann dieses auf einem der beiden großen Parkplätze am Westufer stehen lassen. Von hier aus sind es nur noch wenige Meter zum Wasser, hindurch zwischen Bäumen und Weiden. Einen größeren Sandstrand sowie zahlreiche kleine Badestellen gibt es am Nordufer. Verstecktere Plätze findet man allerdings entlang des westlichen und südlichen Ufers. Außerdem verfügt der See über einen ausgewiesenen Hundestrand am Westufer sowie mehrere FKK-Bereiche am südwestlichen Ufer, die jeweils gut ausgeschildert sind. Im südlichen Bereich nahe der Halbinsel dürfen außerdem Pferde ins Wasser. Ungeübte Schwimmer sollten aufpassen, da die Ufer teilweise steil abfallen.

AN DEN SEE SCHMIEGT SICH DIE SIEDLUNG BERGWITZ, EIN ORTSTEIL DER MITTELALTERLICH GEPRÄGTEN STADT KEMBERG. NICHT NUR FINDET MAN HIER NOCH SPUREN AUS DER VERGANGENHEIT DES TAGEBAUS, SONDERN AUCH AUS DEM FRÜHEN MITTELALTER.

Der See eignet sich auch gut zum Tauchen, Stand-up-Paddeln, Segeln, Surfen oder Bootfahren. Rund um den See gibt es außerdem Volleyballfelder, Tischtennisplatten, große Spielplätze, Spielburgen und Fahrradverleihe. Am Nordufer befindet sich ein geräumiger Campingplatz, der unter anderem schwimmende Ferienhäuser anbietet.

TIPP

Rund 15 Kilometer nördlich von Bergwitz wartet die religionsgeschichtlich so bedeutende Lutherstadt Wittenberg auf ihre Besucher. Seit 1996 gehören die Stadtkirche St. Marien, die Schlosskirche, das Melanchthonhaus und das Lutherhaus zum UNESCO-Weltkulturerbe. Zahlreiche Museen, originale Stätten und Ausstellungen erinnern an den großen Reformator und sein Wirken sowie an seine berühmten Weggefährten.

Gemächliche Dampferfahrt auf dem Arendsee (1). Rund um den Arendsee bieten Reiterhöfe Ausritte zum und vielleicht sogar in den See an (2).

46 ARENDSEE Stille Wasser sind tief

50 Meter geht es hinab: Der Arendsee in der Altmark an der Grenze zu Niedersachsen ist einer der tiefsten Seen in Norddeutschland. Mit fünf Quadratkilometern Fläche ist er außerdem der größte natürliche See Sachsen-Anhalts. Ins Wasser gelangt man an zahlreichen Einstiegsstellen. Am schönsten ist es, bei einer Rundtour mit dem Fahrrad alle zu entdecken. Am östlichen Ufer befindet sich das Strandbad. Hier bekommt man mit Strand, Riesenrutsche und Seetribüne, auf der Veranstaltungen stattfinden, alle Annehmlichkeiten für einen gelungenen Badetag geboten.

TIPP

Mit vollem Galopp in den See: Mehrere Reiterhöfe rund um den Arendsee bieten viele verschiedene Möglichkeiten, auf dem Pferderücken Ausflüge in die Natur zu unternehmen. Ein Höhepunkt ist, gemeinsam mit den Vierbeinern ins Wasser zu reiten. Auskünfte darüber gibt es bei der Tourist-Info in Arendsee.

47 BLAUES AUGE Glasklares Kleinod

Das »Blaue Auge« ist mit zwei Hektar Wasserfläche klein, doch ein einzigartiges Kleinod mitten im Wald. Der Waldsee trägt seinen Namen nicht etwa wegen massenhafter Prügeleien an seinen Ufern, sondern wegen seines klaren Wassers, das durch vielfältige Blautöne besticht. Der See liegt westlich der Stadt Bad Schmiedeberg direkt an der Kreisstraße 2027 (Reinharzer Straße), die aus der Stadt herausführt. Vom Straßenverkehr bekommt man wegen des dichten Waldes nichts mit. Es gibt einen Parkplatz und idyllische Badestellen am Nordufer.

TIPP

In der Dübener Heide kann man wunderschön durch Wald und Heide wandern, beispielsweise auf der 30 Kilometer langen Heide-Biber-Tour von Bad Düben nach Bad Schmiedeberg. Wer sich von so viel Bewegung erholen möchte, macht am besten Pause in der 8000-Einwohner-Stadt, einem anerkannten Moor-, Mineral- und Kneippheilbad.

Der Bärwalder See gehört zur Gemeinde Boxberg, am gegenüberliegenden Ufer befindet sich das Braunkohlekraftwerk Boxberg.

48 BÄRWALDER SEE

Herz einer Landschaft im Wandel

Wo früher Sand und Kohle abgebaut wurden und heute nachts die Wölfe heulen, wartet ein Gewässer mit klarem Wasser und hellem Sand auf die Besucher. Der Bärwalder See ist der größte See Sachsens. Drei Badestrände gibt es bei Boxberg, Uhyst und Klitten, die keine Wünsche offenlassen: Hier gibt es Spielmöglichkeiten für die Kinder ebenso wie Gastronomie, Flächen für Beachvolleyball und Beachsoccer. Nacktbader finden an allen Stränden Bereiche für sich. Wer mit Hunden anreist, kann die Vierbeiner in Bereichen am Boxberger und Uhyster Ufer laufen lassen. Wer Surfen oder Kitesurfen möchte, hat am Westufer viel Platz dafür (Anfahrt über die Bundesstraße 156). In Klitten gibt es einen Segelclub sowie einen Jachthafen. Über alle sportlichen und touristischen Möglichkeiten informiert die Tourist-Info in Boxberg.

TIPP

Hier soll noch in diesem Jahrzehnt Europas größtes künstliches Wassernetzwerk und eines der größten deutschen Seengebiete fertiggestellt werden: Das Lausitzer Seenland liegt zwischen Görlitz, Cottbus und Luckau. Derzeit entstehen hier mehr als ein Dutzend neuer Seen. Es ist eine Landschaft im Wandel mit großem Sportangebot.

In der Lessingstadt Kamenz wurde der Dichter 1729 geboren (1). Der Kulkwitzer See ist Teil des Neuseenlands rund um Leipzig (2). Die Burg Kriebstein thront majestätisch auf einem Felsen über der Zschopau (3).

1

2

49 KULKWITZER SEE Kultiger Kulki

Der Kulki, wie der Kulkwitzer See auch gerne genannt wird, liegt mitten im Neuseenland. Mit 150 Hektar ist der See zwar relativ klein, hat aber beste Wasserqualität und liegt idyllisch im Grünen. Früher wurde hier Braunkohle abgebaut. In den 1960er-Jahren flutete man zwei Kohlegruben, und der Kulki war geboren. Baden kann man an mehreren Stellen, etwa an der Südspitze, in Markranstädt am Westufer und in Lausen, wo es einen Hundestrand gibt. Der See ist sehr beliebt bei Tauchern, außerdem gibt es eine Wasserskianlage am Nordufer.

TIPP

Leipzig ist jung, flirrend, kulturverliebt. Vom See aus kommt man mit Bus und Straßenbahn leicht in die Stadt. Sehenswert sind unter anderem die zahlreichen Kunstzentren und Szeneviertel wie Plagwitz oder die Karl-Liebknecht-Straße.

50 STEINBRUCH VOGELBERG

Wilde Natur

Nahe der Stadt Kamenz zwischen Dresden und Bautzen liegt einer der schönsten wilden Badeseen Deutschlands: der Steinbruch Vogelberg. Früher wurde hier Granit abgebaut. Zurückgeblieben ist ein 3,5 Hektar großer, bis zu 14 Meter tiefer See, der wegen seiner besonderen Atmosphäre seinesgleichen sucht. Der See liegt in einem Waldstück an der Königsbrücker Straße. Am besten parkt man auf der gegenüberliegenden Straßenseite, steigt über die Leitplanke und folgt dem Pfad durch den Wald zum See. Eine Leiter führt ins Wasser.

TIPP

Eines der Herzstücke der Lessingstadt Kamenz ist das Lessing-Museum über den berühmten Dichter. Zahlreiche Ausstellungen, Veranstaltungen und eine große Sammlung zu Lessing ehren den »Nathan der Weise«-Verfasser.

51 TALSPERRE KRIEBSTEIN

Romantisches Wasserwerk

Schroffe Felsen, urige Schluchten, wildromantische Flussläufe: Im Tal der Zschopau kann man den Stress des Alltags hinter sich lassen. Zentrales Ausflugsziel ist die Talsperre Kriebstein bei Mittweida nördlich von Chemnitz. Die Zschopau wird hier aufgestaut, das Wasserkraftwerk ist eines der größten in Sachsen. Hier kann man baden, segeln, wandern und Boot fahren. Eine schöne Badestelle liegt an der Jugendherberge Falkenhain, mit Liegewiese, Kiosk und Toiletten. In der Nähe gibt es eine Seebühne und einen Kletterwald.

TIPP

Willkommen im Land herrschaftlicher Sitze. Ob Schloss Wildeck mit Motorrad-Ausstellung, die Felsenburg Kriebstein, in der ein echter Schatz ausgestellt ist, oder die Burg Scharfenstein mit Spielzeugmuseum: Hier ist für jeden etwas dabei.

Der Hohenwarte-Stausee an der Saale, ein landschaftliches Kleinod.

THÜRINGEN UND OSTHESSEN

Aus Kultur wird grüne Natur

Seengebiete, die wie Meere heißen, Städte und Nationalparks mit weltweit bedeutendem Rang, stolze Burgen und bewaldete Hügel: In Thüringen und Hessen scheinen sich die Sehenswürdigkeiten und landschaftlichen Schönheiten nur so zu ballen. Beide Bundesländer sind verhältnismäßig klein und dicht besiedelt, doch sie stecken voller Überraschungen.

Wo liegt die exakte Mitte Deutschlands? Es gibt unterschiedliche Methoden, dies zu berechnen, und ebenso viele Antworten auf die Frage. Mehrere Orte in Thüringen sowie in Hessen beanspruchen diese Ehre daher für sich. Die Menschen haben beide Länder im Laufe der Zeit geprägt – durch den Bau von Burgen, das Errichten von Staumauern oder das Anlegen von Teichen. Wer die Gegend heute besucht, staunt über die Vielfalt.

Die vielen Talsperren in Thüringen sind heute wahre Freizeitparadiese, die zum Schwimmen, Surfen und Segeln einladen. Die Bleilochtalsperre und der Hohenwarte-Stausee sind so groß, dass sie »Thüringer Meer« genannt werden. Hessen hingegen lockt nicht nur mit spannenden Städten und vielen Sehenswürdigkeiten. Das Land der Mittelgebirge bietet einzigartige Orte, sich im Sommer abzukühlen und zu entspannen.

»DIE TOP 3 BADESTELLEN DER REGION«

1. **Bleilochtalsperre**
   (50°29'45.2"N 11°43'58.3"E)
   www.thueringen.info/saalburg-bleilochtalsperre.html

2. **Bergsee Ebertswiese**
   (50°46'46.5"N 10°31'35.8"E)
   www.floh-seligenthal.de/tourismus-freizeit/sehenswertes/bergsee-ebertswiese

3. **Grüner See**
   (51°17'42.0"N 9°51'12.1"E)
   www.kirschenland.de/aktiv/wasser/freibad-gruener-see

Die Talsperre Bleiloch ist Teil der 80 Kilometer langen Saalekaskade, zu der fünf Talsperren und Wasserkraftwerke gehören (1). Bilderbuchlandschaft: Die Bleilochtalsperre bietet schönste Badefreuden (2).

52 BLEILOCHTALSPERRE

Fast wie am Meer

Das »Thüringer Meer«, die Bleilochtalsperre im südöstlichen Teil des Bundeslandes, ist der größte Stausee Deutschlands. Auf neun Quadratkilometern Wasserfläche und mit 28 Kilometern Uferlänge werden hier über 200 Millionen Kubikmeter Wasser der Saale angestaut. Das Ziel lautet, aus Wasserkraft Energie zu gewinnen. Die Staumauer der Talsperre ist rund 200 Meter lang, über 60 Meter hoch und gilt als historisches Wahrzeichen der deutschen Ingenieurskunst.
Was zunächst technisch klingt, bietet in Wirklichkeit ein wunderschönes Naturpanorama: Weit verzweigt schlängelt sich der Stausee rund um die 3000-Einwohner-Stadt Saalburg-Ebersdorf. Mit seinem tiefblauen Wasser und den bewaldeten Hügeln, die ins Gewässer hineinragen, fühlt man sich hier wie im Norwegen-Urlaub. Das ist kein Wunder: Die Talsperre liegt mitten im spektakulären Naturpark Thüringer Schiefergebirge – Obere Saale. Besucher können hier einzigartige Naturdenkmäler wie Orchideenwiesen, Feengrotten und die »Steinerne Rose« besichtigen.
Baden kann man an der Bleilochtalsperre beinahe wie auf Mallorca: Weite Sandstrände eignen sich ideal zum Sonnenbaden und Burgenbauen und führen direkt ins klare Wasser. Entlang der Ufer gibt es zahlreiche Badestellen.
Auf der Landzunge bei Zoppoten am Westufer findet jeder ein ungestörtes Plätzchen für sich, während Saalburg mit einem Strandbad inklusive Liegewiese, Strandcafé und Verleih für Boote, Kanus und Kajaks aufwartet. Ähnlich komfortabel badet man in der Nähe des Campingplatzes Kloster oberhalb von Saalburg-Ebersdorf. Wer es etwas ruhiger mag, findet beschauliche Schwimmstellen in der »Röppischer Bucht« am nordwestlichen Ufer. Fans des Stand-up-Paddling sollten ihre Ausrüstung nicht vergessen. Wenn noch mehr Abwechslung gefällig ist? Von Saalburg aus kann man Schiffsausflüge unternehmen. Das fischreiche Gewässer ist außerdem ein Paradies für Angler.
Saalburg war übrigens im 17. Jahrhundert, Ebersdorf bis ins 19. Jahrhundert hinein fürstliche Residenzstadt. Dieser Vergangenheit kann man bis heute in beiden Ortschaften nachspüren, interessant ist hier eine Besichtigung des Schlosses Ebersdorf.

AM UFER DER TALSPERRE RAGT DER TOTENFELS STEIL EMPOR. ANGEBLICH HANDELT ES SICH UM EINE EHEMALIGE KULTSTÄTTE. DER TOTENFELS IST HEUTE EIN BELIEBTER AUSSICHTSPUNKT UND VON ZOPPOTEN AUS INNERHALB VON EINER HALBEN STUNDE ZU ERREICHEN.

TIPP

Schimmerndes Wasser, glitzernde Felsen: Die Feengrotten in Saalburg sind wegen ihres bunten Farbspiels besonders sehenswert. Das ehemalige Schieferbergwerk empfiehlt sich heute für einen Ausflug, mit interessanten Touren, einem kleinen Vergnügungspark, einem Mitmach-Museum und der Möglichkeit, ganz entspannt die besonders reine Luft zu inhalieren.

Die Veste Wachsenburg im thüringischen Holzhausen gehört zu den Drei Gleichen, einer Dreiergruppe mittelalterlicher Burgen (1). Kleine Hütte im Wald am Bergsee Ebertswiese (2).

53 LÜTSCHETALSPERRE

Fast wie in Bayern

Die Talsperre erinnert eher an einen bayerischen Bergsee als an ein Bauwerk aus den 1930er-Jahren: Sie erstreckt sich in länglicher Form auf 14 Hektar und ist umgeben von bewaldeten Hügeln. Während der See am Ostufer durch eine 22 Meter hohe Staumauer begrenzt wird, läuft das Westufer flach aus. Hier, beim Campingplatz, gibt es Liegewiesen mit Fahrrad- und Bootsverleih, Spielplätzen und Imbiss. Der Einstieg ist an der Westspitze flach, ansonsten eher steil. Der Untergrund ist steinig, daher sind Badeschuhe empfehlenswert.

TIPP

Ein Denkmal für Thüringens Kulturgut: 20 Kilometer nördlich der Talsperre, im Ort Amt Wachsenburg, betreibt ein Verein das Deutsche Bratwurstmuseum inklusive Wurstmanufaktur, »Bratwursttheater« und allerlei Wissenswertem rund um die Wurst. Keine Frage, dass es in der Gaststätte Thüringer Spezialitäten auf den Teller gibt.

54 BERGSEE EBERTSWIESE

Für Abenteurer

In Thüringen ist er die wohl exklusivste Badestelle: Der Bergsee Ebertswiese in der Nähe des Ortes Floh-Seligental. Der kleine See liegt auf einer Lichtung mitten im Thüringer Wald auf über 700 Metern Höhe. Entstanden ist er bei Steinbrucharbeiten um 1900. Als versehentlich eine Wasserader getroffen wurde, mussten die Arbeiten im Steinbruch beendet werden, und der See entstand. Zwischen einer hohen Felswand und dem See lädt eine Wiese mit Sitzgelegenheiten zur Rast ein. Ins klare, kühle Wasser führen Leitern.

TIPP

Ganz in der Nähe, beim Luftkurort Tambach-Dietharz, kann man den Spitterfall bestaunen, mit 19 Metern Thüringens höchster natürlicher Wasserfall, sowie den Falkenstein, Thüringens höchsten Kletterfelsen. Der bekannte Wanderweg Rennsteig führt hier vorbei und offenbart beeindruckende Berg- und Waldlandschaften.

Blick über die Hügellandschaft der hessischen Rhön (1). Der auch Ederstausee genannte See ist Deutschlands zweitgrößter Stausee (2). Abend für Abend wird die Staumauer am Edersee beleuchtet (3).

55 GUCKAISEE Ausflug für die Familie

Der kleine Guckaisee liegt zwischen dem Eubeberg und der markanten Erhöhung Pferdskopf. Es handelt sich um den einzig natürlich entstandenen See in der Rhön. Dies sowie seine idyllische Lage machen ihn zum beliebten Ausflugsziel. Mit der Familie kann man hier einen entspannten Nachmittag verbringen: Die Badestelle hat einen Nichtschwimmerbereich, ein Restaurant sowie Toiletten und Duschen liegen gleich nebenan. Von einer Badeinsel aus kann man ins Wasser springen oder diese mit einem Stab im See navigieren.

TIPP

Nur wenige Kilometer vom See entfernt liegt die berühmte Wasserkuppe, Heimat der Segelflieger. Auf diversen Wegen und Pfaden kann man die Kuppe erwandern. Im Sommer locken Sommerrodelbahn und Gleitschirmflüge, im Winter Loipen und Snowboardkurse.

56 GRÜNER SEE Grünes Wasser, weißer Stein

Von seiner Farbe bitte nicht abschrecken lassen: Der Grüne See bei Witzenhausen trägt diesen Namen, weil Phytoplankton sie ihm verleiht. Mit der Qualität des Wassers hat dieses allerdings nichts zu tun. Der See besticht durch seine Optik: Sein Becken besteht aus weißem Stein. Eingekesselt ist er von hellen Steilwänden, die von seiner Vergangenheit als Abbaugebiet für Gips erzählen. An einem Holzsteg kann man sich entspannt von der Sonne trocknen lassen. Auch ein Nichtschwimmerbereich ist ausgewiesen. Zwei Badeinseln sorgen für viel Badespaß.

TIPP

Das benachbarte Witzenhausen gilt als Kirschendorf. Besonders schön ist es hier im Frühjahr, wenn viele Kirschbäume blühen. Doch auch jenseits davon kann sich die pittoreske Altstadt mit ihren Fachwerkhäusern sehen lassen.

57 EDERSEE Keine Chance für Langeweile

Der Edersee ist einer der größten Stauseen des Landes. Knapp 50 Meter hoch ragt seine Staumauer nahe der nordhessischen Stadt Waldeck empor. Der See schlängelt sich auf 70 Kilometern Länge entlang bewaldeter Hügel und kreiert beschauliche Buchten. Beliebt bei Familien ist der Strand von Rehbach, ein öffentliches Strandbad gibt es in der Waldecker Bucht, schöne Flecken warten auf der Halbinsel Scheid. Zahlreiche Häfen und Bootsverleihe sowie ein Wildtierpark und ein Baumkronenpfad geben Langeweile keinen Raum.

TIPP

Der nahe Nationalpark Kellerwald-Edersee ist eine der wenigen Flecken in Deutschland, die sich komplett natürlich entwickeln können. Berühmt ist der Park wegen seiner urigen Wälder, durch die man hervorragend wandern kann.

Edersee Touristic

Naherholungsgebiet für die Essener: der Baldeneysee.

RUHRGEBIET/KÖLN/BONN

Moderne Landschaft mit langer Geschichte

Es ist eines der größten deutschen Bundesländer und jenes mit den meisten Einwohnern, und es beherbergt fast die Hälfte der deutschen Großstädte: Zugegeben, beim Gedanken an Nordrhein-Westfalen kommen einem nicht glitzernde Seen und rauschende Baumwipfel in den Sinn. Doch die Region überrascht auf vielfältige Weise.

Das Zeitalter von Kohlebergwerken und Stahlindustrie lässt das Land mehr und mehr hinter sich. Wo der Mensch sich die Landschaft zu eigen gemacht hat, sind einzigartige Naturparadiese entstanden. Es gibt allein über 3000 Naturschutzgebiete in NRW. Einige der größten deutschen Stauseen locken hier mit baumbestandenen Ufern und kilometerlangen Stränden. Das macht sie zum idealen Ausflugsziel für Sportbegeisterte. Viel Spaß beim Wasserski, Stand-up-Paddeln, Surfen, Wakeboarden, Tauchen, Klettern, Kanufahren, Wandern und Radfahren! Ist doch etwas mehr Geschichte gewünscht? Dann kann man auf den Spuren der alten Römer wandeln, jahrtausendealte Vulkane bestaunen und Tropfsteinhöhlen entdecken, die ein paar Millionen Jahre auf dem Buckel haben.

»DIE TOP 3 BADESTELLEN DER REGION«

1. **Laacher See**
   (50°24'22.5"N 7°15'23.3"E)
   www.maria-laach.de/laacher-seetal

2. **Biggesee**
   (51°04'19.8"N 7°50'32.7"E)
   www.biggesee-listersee.com

3. **Bevertalsperre**
   (51°08'38.9"N 7°21'54.4"E)
   www.bevertalsperre.eu

Das Südufer des Möhnesees lässt sich zu Fuß oder per Drahtesel erreichen, auch elektrisch (1). Den einen oder anderen kostet es vielleicht etwas Überwindung: Hängebrücke am Rothaarsteig bei Bad Berleburg (2).

58 MÖHNESEE Das »Westfälische Meer«

Rund zehn Quadratkilometer Wasserfläche und eine 40 Meter hohe, über 600 Meter lange Staumauer: Der Möhnesee bei Soest ist einer der größten Stauseen in Deutschland. Der See liegt idyllisch am Rande des hügeligen Sauerlands, ist aber auch vom Ruhrgebiet aus schnell zu erreichen. Im Grünen baden kann man in Delecke am Nordufer sowie im imposanten Seepark in Körbecke, ebenfalls am Nordufer. Beide Badestellen mit großen Liegewiesen sind unbewacht, haben teilweise Duschen und Gastronomie. In Delecke gibt es außerdem ein Strandbad.

TIPP

Das Südufer des Sees ist ein Naturpark mit schönem Baumbestand und toll für ausgedehnte Wanderungen geeignet. Das »Westfälische Meer« bietet mit 40 Kilometern Wegen entlang seiner Ufer außerdem reichlich Gelegenheit für Radfahrer, Inlineskater und Rollerfahrer, Strecke zu machen und sich auszutoben.

59 BIGGESEE Blau im grünen Sauerland

Der Biggesee ist die größte Talsperre in Nordrhein-Westfalen und gilt als »blauer Edelstein« im grünen Sauerland. Er liegt idyllisch im Naturpark Sauerland-Rothaargebirge. Hier kann man baden, surfen, tauchen, Stand-up paddeln, mit dem Schiff fahren und vieles mehr. Eine schöne Badestelle liegt am Restaurant Schnütgenhof in Attendorn. Es gibt eine große Liegewiese, Umkleidekabinen, Toiletten und Restaurants in der Nähe. Man sollte Fahrräder und Wanderschuhe mitbringen, denn entlang Bigge- und Listersee führen spektakuläre Routen.

TIPP

In Attendorn wartet eine der schönsten Tropfsteinhöhlen Deutschlands auf die Besucher: die Atta-Höhle. Sie gilt als besonders sehenswert, weil ihre Stalaktiten und Stalagmiten in so vielfältigen Farben glitzern. Die Höhle ist etwa 400 Millionen Jahre alt und wurde erst 1907 entdeckt. In ihren Tiefen reift heute auch Käse heran!

Die Abtei Maria Laach wurde am Südwestufer des Sees im Baustil der Romanik errichtet (1). Mohnblüte auf einer Anhöhe der Vulkaneifel beim Laacher See (2).

60 LAACHER SEE

Aus Lava geboren

Die Eifel bei Koblenz vor 13 000 Jahren: Aus dem Laacher Vulkan werden plötzlich riesige Mengen Gestein und Asche geschleudert, Lava ergießt sich übers Land. Die Magmakammer hat sich mit solcher Gewalt entleert, dass der Boden darüber plötzlich einbricht. Es war der damals größte Vulkanausbruch in Europa mit gewaltigen Explosionen. Die Asche des Vulkans wurde bis nach Skandinavien und Italien geweht. Zurück blieb ein Krater, der sich nach und nach mit Wasser füllte.

Dies ist die Entstehungsgeschichte eines der beliebtesten Seen der Region: des Laacher Sees. Er ist umgeben von einem bewaldeten Ringwall, der teilweise 125 Meter hoch ist. Entstanden ist der Ringwall beim Vulkanausbruch. Heute verleiht er dem See eine besondere Atmosphäre, man fühlt sich wie in einer eigenen kleinen Welt. Mit über drei Quadratkilometern Wasserfläche ist er der größte See in Rheinland-Pfalz. Mit rund 50 Metern ist er außerdem ungewöhnlich tief und hat hervorragende Wasserqualität.

Dass der Laacher See so beliebt ist, wundert nicht weiter. Er ist Teil des größten Naturschutzgebietes von Rheinland-Pfalz, außerdem segelt und surft man hier gern. An seiner Südspitze erhebt sich die beeindruckende Abtei Maria Laach. Hier in der Nähe kann man auch Tret- und Ruderboote ausleihen.

Die Badestelle erreicht man über den Campingplatz am Nordufer. Besucher finden hier einen großzügigen Besucherparkplatz, eine langgestreckte Liegewiese, Wachstationen der DLRG und einen Nichtschwimmerbereich vor. Familien kommen besonders gern hierher.

Das Naturschutzgebiet rund um den See ist auch bei Wanderern sehr beliebt. Der Uferrundweg zum Beispiel führt auf acht Kilometern rund um den See und ist gut ausgeschildert. Wer sich mehr auspowern möchte, folgt dem gut 14 Kilometer langen »Höhenrundweg«. Feste Wanderschuhe mitbringen: Hier müssen einige Höhenmeter überwunden werden. Beide Wanderwege belohnen mit wunderschönen Ausblicken über den See und sanft hügelige Landschaften. Östlich vom Gewässer macht der Rhein eine elegante Kurve um Koblenz, das 30 Kilometer entfernt liegt. Der Rhein ist die natürliche Grenze des Vulkangebietes, das rund 60 schlummernde Feuerberge umfasst.

IM MITTELALTER LEGTEN DIE MÖNCHE DES BENACHBARTEN BENEDIKTINERKLOSTERS KANÄLE AN. HIERDURCH LEGTEN SIE DAS LAND UM DEN LAACHER SEE TROCKEN. SO KONNTEN SIE ES BEWIRTSCHAFTEN UND DAS KLOSTER VOR HOCHWASSER SCHÜTZEN.

TIPP

Etwa seit dem 11. Jahrhundert siedeln Benediktinermönche am Ufer des Sees. Entstanden ist das beeindruckende Kloster Maria Laach, dessen Türme am Südufer in den Himmel ragen. Der See sowie das umliegende Land gehören zur Abtei. Heute beherbergt sie mehrere Klosterbetriebe. Man kann Gottesdienste besuchen oder entspannte Stunden in der Gastronomie verbringen.

Was man sich gemeinhin unter »Ruhrgebiet« vorstellt, hat so gar nichts mit dem Anblick des Baldeneysees gemeinsam (1 und 2). Das Klever Tor in Xanten ist ein spätgotisches Doppeltor (3).

1

2

61 BALDENEYSEE Ein neues Zeitalter

Lange Zeit hatte die Ruhr ein Problem: Der Fluss war zu dreckig, um darin zu baden. Diese Zeiten haben sich geändert, heute kann hier bedenkenlos geplanscht werden, zum Glück all derer, die sich gern vom Wasser umfließen lassen. Südlich von Essen erweitert sich die Ruhr zum Baldeneysee, einem beliebten Ausflugs- und Badeort in der Region. Baden kann man an der Badestelle »Seaside Beach« am Nordufer. Das Strandbad bietet auf über 60 000 Quadratmetern lange Holzstege, hellen Sandstrand und eine großzügige Liegewiese (4 Euro Eintritt für Erwachsene).

TIPP

Die schönen Ufer der Ruhr kann man am besten per Kanu entdecken. Einen Bootsverleih, auch für Gruppen, gibt es zum Beispiel am Strandbad am Baldeneysee, außerdem gibt es mehrere Anbieter in Essen.

62 BEVERTALSPERRE Wassersport, ahoi!

Die rund 200 Hektar große Bevertalsperre bei Wuppertal eignet sich hervorragend für Wassersport und Freizeitkapitäne: Fast alle Bootstypen sind erlaubt, und Segeln geht genauso gut wie das Fahren von Katamaranen und Ruderbooten. Seit über 100 Jahren wird hier der Nebenfluss der Wupper, die Beve, aufgestaut. Idyllisch baden kann man an mehreren Badestellen, zum Beispiel an der »Zornigen Ameise« bei Hückeswagen am Westufer. Durch den Campingplatz findet man hier alle Annehmlichkeiten – und die DLRG passt auf, dass den Schwimmern nichts passiert.

TIPP

Seit 1901 gleitet die Schwebebahn auf einer 13 Kilometer langen Schiene quer durch Wuppertal. Unvergessen: 1950 sprang Elefant Tuffi bei voller Fahrt aus einem Waggon – und kam mit nur einer Schramme davon.

63 NATURFREIBAD WANKUM

Für Sportliche

Wasserski, Stand-up-Paddeln, Surfen, Wakeboarden, Tauchen, Klettern, Trampolinspringen: Es gibt nur wenige Sportarten, die am Heidesee im kleinen Ort Wankum, Gemeinde Wachtendonk, nicht angeboten werden. Südwestlich der kleinen Ortschaft lockt das Naherholungsgebiet Wankumer Heide. Durch Kiesabbau ist hier unter anderem der Heidesee mit klarem Wasser und breitem Sandstrand am Nordufer entstanden.

TIPP

In der nahen niederländischen Stadt Venlo lässt es sich gemütlich shoppen oder über den historischen Marktplatz bummeln. Im 30 Kilometer entfernten Xanten kann man auf den Spuren der Römer wandeln und in historischen Gemäuern übernachten.

Der Binger Mäuseturm steht auf der Mäuseturminsel im Rhein und war einst ein Wachturm. Seinen Namen erhielt er durch eine düstere Sage aus dem Mittelalter.

Von Frankfurt bis Saarbrücken

Romantisch und sagenumwoben

In den Vorgärten gedeihen Feigen und Zitronen, auf den Hügeln reifen prächtige Trauben heran, die Sonne wärmt Felsen und Felder, während unten im Tal der kühle Fluss glitzert. Klingt nach Sommerurlaub? Und wie, und zwar mitten in Deutschland.

»Ich weiß nicht, was soll es bedeuten, dass ich so traurig bin; ein Märchen aus alten Zeiten, das kommt mir nicht aus dem Sinn.« Heinrich Heines berühmtes Gedicht über die Loreley-Sage sagt auch viel über die Region zwischen Eifel, Pfalz und Rhein aus. Wohl keine Gegend unseres Landes ist heute noch so verbunden mit seiner melancholischen Romantik und herzzerreißenden Sagen. Die Geschichten kann man bis heute selbst erleben – sei es auf einer Schiffstour durchs Rheintal, auf dem Loreley-Felsen, oder bei Fahrten entlang der Romantischen oder der Weinstraße. Prächtige Domstädte wie Worms und Speyer lassen die Nibelungensage wieder lebendig werden. Wasserratten bietet die Gegend einmalige Badeplätze, große Flüsse wie Main und Rhein ebenso wie scheinbar unendlich tiefe Vulkane.

»Die Top 3 Badestellen der Region«

1. **Pulvermaar**
   (50°07'53.7"N 6°55'49.7"E)
   www.eifel.info/a-pulvermaar-1

2. **Marbach-Stausee**
   (49°36'31.6"N 8°58'08.4"E)
   www.tourismus-odenwald.de/de/poi/detail/5731c3de975af0c0cd88fe3e

3. **Stausee Gelterswoog**
   (49°23'45.8"N 7°41'36.7"E)
   www.gelterswoog.com

Der Wasserfall Dreimühlen südlich von Ahütte ist ein Naturdenkmal (1). Aus der Vogelperspektive ist das Pulvermaar besonders beeindruckend (2).

64 PULVERMAAR Baden im Vulkan

Wer das Pulvermaar in der Nähe von Daun von weitem sieht, mag sich verwundert die Augen reiben: So eine Szenerie gibt es tatsächlich mitten in Deutschland? Ja, es gibt sie, und ja, dieser See ist etwas Besonderes: Er hat eine kreisrunde Form, tiefblaues Wasser und ist von einem meterhohen Ring umgeben, der von hellen Buchen bewachsen ist. Das ist kein Wunder: Beim Pulvermaar handelt es sich um einen erloschenen Vulkan, der sich im Lauf der Jahrtausende mit Wasser gefüllt hat. Heute hat sich das Gewässer in ein idyllisches Naturfreibad verwandelt.

Ein Maar bezeichnet – vereinfacht gesagt – einen Trichter in einem Berg, der durch den Ausbruch eines Vulkans entstanden ist. Rund 70 Maare gibt es in der Westeifel, zwölf davon sind mit Wasser gefüllt, in vieren von ihnen darf man schwimmen. Das Pulvermaar ist mit rund 40 Hektar Fläche das größte Maar und mit über 70 Metern auch das tiefste. Wer sich umhört, wird viele Geschichten über das Maar zu hören bekommen; manch einer behauptet, das Maar sei sogar über 100 Meter tief.

Ein Bad im Maar ist allein schon wegen seines unvergleichlich klaren Wassers und der großen Sichtweite unter Wasser auf alle Fälle empfehlenswert; Taucherbrille und Schnorchel sollte man also auf jeden Fall mitbringen! Wer vom Rand bis in die Mitte schwimmt und dabei unter sich schaut, sollte allerdings schwindelfrei sein: Man sieht ganz genau, wie der Untergrund in zwei Stufen tiefer wird und plötzlich ins Nichts verschwindet. In Ufernähe lassen sich toll Fische beobachten. Am Ostufer wartet ein schönes Naturfreibad auf Besucher. Es ist die einzige Möglichkeit, am Pulvermaar ins Wasser zu steigen. Das Freibad (Eintritt für Erwachsene: 4 Euro) lässt keine Wünsche offen. Hier gibt es eine große Liegewiese, zwei Kinderbecken, eine Rutsche sowie eine Badeinsel mit Sprungturm mitten im Maar. Außerdem gibt es Parkplätze, Toiletten, Duschen, Kiosk, Café und einen Bootsverleih für Ruder- und Tretboot. Auch das eigene Boot darf man mitbringen, hierfür erhebt das Freibad eine einmalige Gebühr von 5 Euro. Geöffnet ist das Freibad zwischen Mai und Oktober, und dann täglich zwischen 10 und 20 Uhr.

WER DEN SCHÖNEN BUCHENWALD RUND UM DAS MAAR ERKUNDEN WILL, KANN BEISPIELSWEISE AM CAMPINGPLATZ »FERIENDORF PULVERMAAR« OBERHALB DER VULKANKRONE PARKEN. EIN STEILER WEG QUER DURCH DEN WALD FÜHRT VON HIER AUS ZUM FREIBAD.

TIPP

Die Vulkaneifel ist eine so besondere Landschaft, dass die UNESCO der Gegend einen besonderen Schutzstatus verliehen hat. Zahlreiche Museen in der Region erklären, wie die Vulkane funktionieren und alles rund um den Vulkanismus auf spannende und zeitgemäße Art und Weise. Im 15 Kilometer entfernt liegenden Ort Daun beispielsweise lädt das »Eifel-Vulkanmuseum« seine Besucher auf eine interaktive Zeitreise ein.

Das Städtchen Wertheim am Main weist eine hübsche Altstadt mit historischem Grundriss und zahlreichen denkmalgeschützten und gut erhaltenen Fachwerkbauten auf (1). Burg Wertheim erhebt sich hoch über den mittelalterlichen Gassen der Stadt am Zusammenfluss von Main und Tauber (2).

65 RHEIN BEI HEIDESHEIM

Sand und Sonne

Sand, Muscheln, sanfte Gischt … Der Rhein ist mittlerweile wieder zum Badefluss geworden und lockt mit schönen Einstiegsstellen. Ein sonniges Plätzchen bietet der Rheinstrand von Heidesheim-Heidenfahrt. Im Jahr 2003 wurde das Flussufer neu gestaltet und ist nun Teil des Landschaftsschutzgebietes »Rheinhessisches Rheingebiet«. Direkt vor dem Strand schützen Inseln Schwimmer vor Strömung und Schiffsverkehr. Diese Badestelle oberhalb des Campingplatzes bietet Sand und Liegewiesen pur, dazu den idyllischen Blick auf Hessen.

TIPP

Der mächtige Strom des Rheins windet sich durch grüne Hügel, an den sonnigen Hängen wächst Wein heran, Burgen und Schlösser thronen hoch über dem Flusslauf: Das Rheintal ist eine der romantischsten Regionen unseres Landes. Die Sehenswürdigkeiten kann man wunderbar bei einer Schifffahrt bestaunen.

66 BADEN IM MAIN

Sehnsucht nach Fluss

Der Main ist mit seinen über 500 Kilometern einer der mächtigsten Flüsse Deutschlands. Über seine Qualität hört man immer wieder gemischte Stimmen – kein Wunder, denn der Main wird viel von Schiffen befahren. Wer an den gewundenen Ufern des Flusses wohnt, verbringt die Sommernachmittage aber gern an seinen ruhigen, sandigen Buchten mit Blick auf die Weinberge. Schöne Badestellen gibt es zum Beispiel im kleinen Ort Kleinwernfeld bei Gemünden am Main oder in der wunderschönen, mittelalterlichen Stadt Wertheim.

TIPP

Sie ist aus dem Image Deutschlands bei Touristen nicht mehr wegzudenken: Die »Romantische Straße« ist die älteste und beliebteste Ferienstraße des Landes. Auf knapp 500 Kilometern verbindet sie 29 sehenswerte Orte. Sie beginnt in Würzburg und führt unter anderem durch die pittoreske Altstadt von Wertheim.

2

67 MARBACH-STAUSEE

Schwimmen im sagenhaften Odenwald

Blühende Wiesen, hügelige Landschaft und rauschende Wälder: Der Odenwald ist ein malerisches Mittelgebirge, das sich über Teile von Hessen, Bayern und Baden-Württemberg erstreckt. Genau in der Mitte dieser grünen Lunge, zwischen den Orten Hüttenthal und Ebersberg, liegt der Marbach-Stausee. Die Talsperre wurde ursprünglich errichtet, um die Gegend vor Hochwasser zu schützen. Nur an wenigen Orten kann man so entspannt mitten in einem Wald baden wie hier. Ein Teil des Sees ist den Vögeln vorbehalten, seine Ufer sind bewaldet, sein Wasser ist dunkel und klar. Das Auto kann man in der Nähe der Staumauer stehen lassen, die Badestelle mit Liegewiese ist nur wenige Meter davon entfernt. Unbedingt das Schlauchboot, Surfbrett oder Stand-up-Paddel mitbringen: Da Boote mit Motor hier nicht erlaubt sind, kann man ganz in Ruhe übers Wasser schippern.

TIPP

Der Odenwald ist bekannt für seine schöne Natur, seine Sagen und Schlösser. Wanderer, Radfahrer und – im Winter – Skifahrer kommen hier auf ihre Kosten. Auf 130 Kilometern führt zum Beispiel der »Nibelungensteig« quer durch den Wald und verbindet zahlreiche Sehenswürdigkeiten miteinander.

Der Marbach-Stausee ist dreigeteilt: ein inoffizielles Vogelschutzgebiet, ein Badebereich und ein Bereich für Surfer und Segelboote.

1

Wenn irgendwo auf der Liegewiese am See Bäume stehen, spannt sicher jemand eine Slackline (1). Wo ein Steg ist, da kann man schön ins Wasser springen (2). Die Nibelungenbrücke über den Rhein in Worms, im Hintergrund der Dom St. Peter (3).

69 DIE SCHLICHT Wasser satt

Zwischen Mannheim im Norden und Speyer im Süden bildet der Rhein hier zwischen Rheinland-Pfalz und Baden-Württemberg zahlreiche Inseln und Altarme. Eines dieser Gewässer ist die Schlicht, ein Baggersee in der Nähe von Neuhofen. Große Infrastruktur sucht man hier vergebens, dafür ist das hellblaue Wasser hervorragend zum Planschen und Baden geeignet. Auf den grasbewachsenen Ufern an der Nordspitze kann man Beachvolleyball spielen, außerdem gibt es eine kleine Beachbar.

TIPP

Auf den sonnenverwöhnten Hügeln der Pfalz wächst einer der besten Weine Deutschlands heran. Durch dieses zweitgrößte Weinanbaugebiet des Landes führt die Deutsche Weinstraße. Neben Trauben gedeihen hier im Freien auch Mandelbäume und Palmen.

68 SILBERSEE Surfen und Sonne tanken

In der Gemeinde Bobenheim-Roxheim in unmittelbarer Nähe zu Worms liegt der blau funkelnde Silbersee. Mit über 100 Hektar Wasserfläche und über 35 000 Quadratmeter hellem Sand am Südufer fühlt man sich an einem Sommernachmittag hier wie im Urlaub. Der Baggersee hat hervorragende Wasserqualität und sandige Ufer. Segeln und Surfen klappt hier hervorragend. Der See trägt Weltklasse-Status: Die beiden ehemaligen Profi-Windsurferinnen Anja Müller und ihre Schwester Jutta haben hier trainiert.

TIPP

Die nahe Stadt Worms ist unter anderem bekannt für ihren frühromanischen Dom sowie als Nibelungenstadt. Der Sage widmet sich heute ein multimediales Museum an der mittelalterlichen Stadtmauer. Durch Worms führt außerdem der Jakobsweg.

70 GELTERSWOOG Der Familienfreundliche

Hier erwartet Familien das volle Programm: Sandstrand, Minigolfanlage, Spielplatz, Slackline, Bootsverleih, Biergarten, Spielfelder, Kanutouren und eine große Liegewiese mit Bäumen. Der romantische Stausee liegt mitten im Grünen im Süden von Kaiserslautern. Es gibt einen Segel- und Jachtclub am Nordufer, mehrere Seehotels sowie einen Campingplatz am südlichen Ufer. Der Eintritt zum Naturfreibad kostet für Erwachsene 4 Euro.

TIPP

Ob Kaiserbrunnen, Japanischer Garten, Wildpark oder Fußballmuseum: Die Universitätsstadt Kaiserslautern hat Besuchern vieles zu bieten. Geführte Touren gewähren Einblicke zum Beispiel in kaiserliche Gemächer oder die Brauereitradition der Stadt.

Die Murg durchfließt den Nordschwarzwald und die Oberrheinische Tiefebene.

IN UND UM STUTTGART

Im Zentrum des sonnigen Südens

Die Einwohner Baden-Württembergs sind bekannt für ihren Arbeitseifer. Das Bundesland kann stolz sein auf die höchste Exportquote, die meisten angemeldeten Patente pro Kopf und eines der höchsten Bruttoinlandsprodukte. Nun: Man kann nicht nur »schaffe«, sondern sollte auch mal ganz entspannt die Seele baumeln lassen.

Dass die Baden-Württemberger viel vom entspannten Leben verstehen, sieht man allein an den hervorragenden Weinen, die aus dem Bundesland kommen. So gibt es beispielsweise rund um Heilbronn und Stuttgart viele malerische Weinberge und Weingüter, die man besuchen kann. Neben den Hügeln rund um Stuttgart, auf denen die Trauben heranreifen, ist der Schwäbische Wald die grüne Lunge der Landeshauptstadt. Wer es abenteuerlicher mag, der sollte die Täler im nördlichen Schwarzwald nicht verpassen. Das größte und tiefste von ihnen ist das Murgtal. Hier lädt mit der Murg einer der schönsten Wildwasserflüsse des Landes zu einem einmaligen Badeerlebnis. Die malerischen Flussläufe der Gegend verzückten schon kreative Größen wie etwa Johannes Brahms.

»DIE TOP 3 BADESTELLEN DER REGION«

1. **Jagst am Kloster Schöntal**
   (9°19'46.3"N 9°30'12.7"E)
   www.kloster-schoental.de

2. **Murg bei Forbach**
   (48°40'05.6"N 8°21'47.6"E)
   www.forbach.de

3. **Epplesee**
   (48°57'57.7"N 8°19'45.8"E)
   www.karlsruhe-erleben.de/media/attraktionen/Epplesee-Forchheim

Die Rhododendronsträucher am Geroldsauer Wasserfall wurden in den 1950er-Jahren gepflanzt (1). Stromschnellen und ruhige Passagen wechseln sich an der Murg ab, ein ideales Terrain für Rafting-Touren (2).

2

71 DIE MURG

Wie im wilden Kanada

Wer denkt, dass es in Deutschland keine wilden Flusslandschaften wie in Kanada gibt, der muss unbedingt die Murg im Schwarzwald besuchen: Sie gilt als einer der schönsten Wildwasserflüsse Deutschlands, ist über 80 Kilometer lang und ein Nebenfluss des Rheins. Im nördlichen Schwarzwald bildet sie das Murgtal, eines der tiefsten und größten Täler des Schwarzwaldes.

Teilweise fließt die Murg breit und ruhig durchs Bett, teilweise wild und reißend. An ihren Ufern schwingen sich bewaldete Hügelausläufer empor. Über Jahrtausende hat das Wasser weiße Gesteinsbrocken zu runden Felsen geschliffen, die der Murg auch heute noch ein wildromantisches Aussehen verleihen. Die Gegend ist bekannt für ihren Granit, der teilweise heute noch abgebaut wird. Außerdem hat der Fluss eine sehr gute Wasserqualität.

Ans Wasser gelangt man an mehreren Stellen im Landschaftsschutzgebiet Mittleres Murgtal. Badestellen liegen beispielsweise in Forbach an der Murghalle, unterhalb des Sasbachtals, südlich von Forbach an der Schifferstraße – beispielsweise dort, wo das Zugbächle in den Fluss mündet – oder im Ort Raumünzach. Am einfachsten ist der Zugang tatsächlich in Forbach: Im Ort kann man der Schifferstraße über die Ortsgrenze hinaus folgen, das Auto am Straßenrand parken und dann über einen Pfad, der zwischen Viehweiden entlang führt, direkt zur Murg gelangen.

Die größten Felsen und Sandbänke laden zum Sonnenbaden ein, während überhängende Bäume an vielen Stellen Schatten spenden. Für das echte Wildnisgefühl lohnt es sich, ein Stück weit das Flussbett entlangzuwandern. Zwischen moosbewachsenen Steilwänden, Stromschnellen und sonnendurchfluteten Wäldern fühlt man sich schnell wie im Abenteuerurlaub. Da ist es beinahe schon eine Frage der Ehre, dass man hier – bis auf Sonne, Wasser und Steine – keinerlei Infrastruktur vorfindet. Wanderer und Fahrradfahrer kommen außerdem besonders gern zur nahe gelegenen Schwarzenbach-Talsperre. Pittoresk ist auch der Ort Forbach selber, mit seiner charakteristischen Holzbrücke und seiner malerischen Lage mitten in einem Tal, das Teil des Nationalparks Schwarzwald ist.

EIN BELIEBTES WANDERZIEL IN DER REGION IST DIE SAGENUMWOBENE TEUFELSMÜHLE, EIN RUND 900 METER HOHER BERG SÜDLICH VOM ORT LOFFENAU. VOM 16 METER HOHEN AUSFLUGSTURM AUS HAT MAN EINEN TOLLEN BLICK ÜBER DEN SCHWARZWALD.

TIPP

Auf der anderen Seite des Tales, unterhalb des Ortes Geroldsau, schlängelt sich der Grobbach malerisch durch einen Wald. Neun Meter tief fällt hier der Geroldsauer Wasserfall und bildet einen natürlichen Pool. Hartgesottene kühlen sich in diesem »Gumpen« gerne ab. Auch Johannes Brahms kam schon hierher. Wem das Wasser zu kalt ist, kann stattdessen dem Wasserfall-Rundweg folgen und sich mit deren Anblick zufriedengeben.

Die Weinlage Schemelsberg wächst in den Weinbergen rund um Heilbronn (1). Hoch über der Jagst in Kirchberg erhebt sich Schloss Kirchberg, das jahrhundertelang vom Adelsgeschlecht der Hohenlo-her bewohnt wurde (2).

72 BREITENAUER SEE

Blick auf Weinberge

Entspannen mit Blick auf grüne Weinberge: Der Breitenauer See liegt 15 Kilometer östlich von Heilbronn und damit in einer der sonnenverwöhntesten Regionen Deutschlands. An dem 40 Hektar großen See ist für jeden etwas dabei. Sportbegeisterte und Familien können baden, Tret-, Schlauch- und Ruderboot fahren, es gibt Ballspielflächen, einen Abenteuerspielplatz, Gastronomie und einen Campingplatz. Der Eingang liegt am Westufer, ein Tagesticket kostet 3 Euro für Erwachsene. Am Badestrand gibt es auch einen Nichtschwimmerbereich.

TIPP

In der Gegend rund um die älteste Weinstadt in Baden-Württemberg, Heilbronn, kann man zahlreiche Weingüter besichtigen. Viele liegen seit Generationen in Familienhand und bieten Touren, Verköstigungen und Übernachtungen an. Infos hat die Tourist-Info in Heilbronn.

73 JAGST

Romantischer Charme

Die Jagst ist einer der klarsten Flüsse Baden-Württembergs. Nördlich von Heilbronn entwickelt sie wildromantischen Charme, da sie sich an kleinen Städten, schönen Wäldern und Burgen vorbeischlängelt. Schwimmen kann man an verschiedenen Stellen. Eine natürliche Badestelle befindet sich in Rochsen bei Möckmühl direkt vor dem Wehr. Besonders schön, wie der Name schon sagt, und familienfreundlich ist es am Kloster Schöntal, wo das Wasser durch ein flaches Wehr gestaut wird. Hier unbedingt dem Fluss folgen und unter dem Brückenbogen hindurchschwimmen.

TIPP

Das einstige Kloster Schöntal ist auch heute noch beeindruckend und kann besichtigt werden. Zahlreiche Wege rund ums Kloster sowie der Kocher-Jagst-Radweg bieten Rad- und Wanderfans viel Auswahl. Die Jagst ist ein toller Fluss für Kanutouren, die meist im 15 Kilometer entfernten Krautheim starten.

Mit Spielen und Rätseln zum Thema Wald wecken die Walderlebnispfade bei Schwäbisch Gmünd das Interesse der jüngeren Waldbesucher (1). Nach einem Spaziergang durch den Wald kommt man zum idyllisch gelegenen Ebnisee (2). Der Epplesee bietet gute Bedingungen für Surfer und Segler (3).

1

2

74 EISENBACHSEE Kleinod im Naturpark

Der Eisenbachsee ist ein Kleinod im Naturpark Schwäbisch-Fränkischer Wald. Der See ist zwar klein, aber idyllisch. Wurde das Gewässer im Jahr 1961 noch als Rückhaltebecken für Hochwasser angelegt, ist es heute beliebter Ausflugspunkt. Der Eisenbachsee liegt etwa 15 Kilometer nordwestlich von Schwäbisch Gmünd in Alfdorf. Am östlichen Ufer gibt es ausgedehnte Liegewiesen. Auf Kinder und ungeübte Schwimmer aufpassen: Die Ufer können steil abfallen. An Sommerwochenenden passt die DLRG auf.

TIPP

Die Landschaft rund um Schwäbisch Gmünd besticht vor allem durch ihre hügeligen Waldgebiete. Kein Wunder also, dass es zahlreiche Sport-, Kunst- und Erlebnispfade in der Gegend gibt. In Wetzgau wartet außerdem ein Hochseilgarten auf Kletterfreudige.

75 EBNISEE Denkmal der Flößer

Die »Perle des Schwäbischen Waldes« liegt idyllisch in der Nähe des kleinen Ortes Kaisersbach mitten im Wald. Mit seinen sieben Hektar und seiner geschwungenen Form bietet der Ebnisee ausreichend Platz für alle, die Sport machen oder sich entspannen wollen. Es gibt Liegewiesen, Spiel- und Grillplätze, Restaurants und Cafés sowie einen Verleih für Tret- und Ruderboote am Südufer. Der See wurde vor 250 Jahren aufgestaut, damit Stuttgart über ein Wassersystem mit Brennholz versorgt werden konnte. Er ist also ein lebendiges Denkmal an die Zeit der Flößer.

TIPP

Der Schwäbische Wald ist die grüne Lunge der Region rund um Stuttgart. Die Waldbahn führt wie vor hundert Jahren auf einer malerischen Strecke von Schorndorf nach Welzheim, immer sonn- und feiertags.

76 EPPLESEE Bei Wind und Wetter

Segel hissen! Der Epplesee unweit von Karlsruhe ist vor allem bei Wassersportlern beliebt, weil oft günstige Windverhältnisse herrschen. Der 35 Hektar große, tiefblaue Baggersee bietet ausreichend Platz für Schwimmer und Sportler gleichermaßen. Seinen Namen hat der »Epple« übrigens von der Firma, die den See angelegt hat. Eine große Liegewiese gibt es am Ostufer, der FKK-Bereich liegt am Westufer, und dazwischen: feinster Sandstrand. Hier passt die DLRG auf, außerdem gibt es Toiletten und einen Biergarten.

TIPP

Baden-Baden liegt keine 30 Kilometer südlich vom See. Bekannt ist die Stadt im Schwarzwald für ihre namensgebenden Thermalquellen, ihre elegante Innenstadt mit den unzähligen Möglichkeiten, edel zu shoppen, sowie last but not least für ihr Spielcasino.

Bei einer Radtour am Bodensee hat man immer wieder direkten Zugang zum Seeufer.

DER SÜDWESTEN

Urlaub zwischen Meer und Märchenwald

Südlich von den großen Städten wie Stuttgart, Reutlingen und Pforzheim scheint Baden-Württemberg nur ein Ziel zu haben: es Einwohnern und Besuchern so angenehm wie möglich zu machen. Ob Schwarzwald, Bodensee, Breisgau oder Kaiserstuhl: Die Gegend strotzt nur so vor Urlaubszielen.

Über 6000 Quadratkilometer erstreckt sich der Schwarzwald entlang der südwestlichen Landesgrenze. Mit seinen Erhebungen von bis zu 1500 Metern Höhe ist er das höchste Mittelgebirge Deutschlands. Seine verwunschenen Waldgebiete, rauschenden Flüsse und idyllischen Täler machen ihn zusätzlich zum beliebtesten. Auch wenn Schluchsee und Titisee die größten Wasserstellen des Schwarzwalds sind, versprühen sie dank ihrer einmaligen Lage viel abenteuerlichen Charme. Ähnliches gilt für den Bodensee. Dieser Gigant von Gewässer – der eigentlich aus zwei Seen besteht – präsentiert sich von jeder Badestelle aus ein bisschen unterschiedlich. Ob schwimmen, surfen, segeln, paddeln, klettern, wandern oder einfach nur mit Blick auf die Schweiz in der Sonne liegen: Langweilig wird es nicht.

»DIE TOP 3 BADESTELLEN DER REGION«

1. **Strandbäder am Bodensee**
   (47°44'00.9"N 8°58'45.8"E)
   www.bodensee.de/erleben/baden-im-bodensee
2. **Schluchsee im Schwarzwald**
   (47°48'05.4"N 8°11'32.7"E)
   www.schluchsee.de
3. **Seepark Linzgau**
   (47°55'48.3"N 9°14'15.5"E)
   www.pfullendorf.de/seepark

Schöner Bergblick vom Ufer der Insel Mainau aus (1). Drei Länder teilen sich den 63 Kilometer langen und 14 Kilometer breiten See (2).

2

77 STRANDBÄDER AM BODENSEE

Historisch bis paradiesisch

Er ist einer der größten Seen in Mitteleuropa, hat eine Fläche von über 500 Quadratkilometern und misst bis zu 250 Meter Tiefe: Der Bodensee, benannt nach dem kleinen Ort Bodman (fränkische Königspfalz im 9. Jahrhundert) am nordwestlichen Ende des Sees, strotzt nur so vor Superlativen. Er ist nicht nur eine wichtige Wasserstraße und versorgt die ganze Umgebung mit Trinkwasser. Das »Schwäbische Meer« ist außerdem ein wunderschönes Urlaubsparadies, dessen klares Wasser zum Planschen, Baden und Tauchen einlädt. Seine Strände bestehen meistens aus Kies. Am Strand in Langenargen zum Beispiel findet man aber auch Sandstrand.

Rund um den Bodensee gibt es unzählige Möglichkeiten, den Sommer am Wasser zu genießen. Beinahe jeder Ort hat hier ein eigenes Strandbad. Die meisten Strandbäder sind sehr familienfreundlich und bieten viel Infrastruktur. Viele von ihnen verlangen keinen Eintritt, jene mit Schwimmbecken und Rutschenlandschaft hingegen schon. Der liegt meist jedoch in einem niedrigen Bereich von 2 bis 3 Euro.

Außergewöhnlich ist das Strandbad in Unteruhldingen am Überlinger See. Hier badet man in nächster Nähe zu UNESCO-geschützten, prähistorischen Pfahlbauten. Das beliebteste ist wohl das Strandbad Hörnle in Konstanz mit pittoresker Lage, großem Sandstrand und weitläufiger Liegewiese.

Besonders schön badet man in Radolfzell im Strandbad Mettnau am Untersee. Hier gibt es Liegewiesen direkt am Wasser, Beachvolleyballplätze, Duschen und Toiletten. Die Halbinsel Mettnau ist Naturschutzgebiet für einige der über 400 Vogelarten, die am Bodensee leben und brüten. Im Spätherbst machen zahlreiche Zugvögel am Gewässer Rast. Klein und idyllisch ist das Strandbad auf der Insel Reichenau, der größten der zahlreichen Bodenseeinseln. Das ehemalige Kloster Reichenau ist von der UNESCO als Weltkulturerbe anerkannt worden. Hier wachsen außerdem im südlichen Klima Obst und Gemüse heran. Das Strandbad Gaienhofen-Horn liegt an der Spitze der Halbinsel Höri in einem Naturschutzgebiet. Mit großer Liegewiese, Schatten spendenden Bäumen, einem Spielplatz und Minigolfanlage ist es klein und familienfreundlich.

DIE DRITTGRÖSSTE INSEL IM BODENSEE, DIE INSEL MAINAU, GEHÖRT BIS HEUTE DER FAMILIE BERNADOTTE, DER AUCH DIE SCHWEDISCHE KÖNIGSFAMILIE ANGEHÖRT. AUF BESUCHER WARTEN UNTER ANDEREM BOTANISCHE GÄRTEN UND DAS SCHLOSS MAINAU.

TIPP

Die rund 60 Quadratkilometer große Halbinsel Höri ragt in den Untersee hinein und ist als »Künstlerinsel« bekannt. Sie wurde Heimat von Malern, Schriftstellern und Dichtern, die Inspiration oder Zuflucht suchten. Noch heute kann man in Gaienhofen auf ihren Spuren wandeln, etwa im Hesse-Museum, im wunderschönen Haus des Literaten oder im Haus Dix.

Der Schluchsee ist ein tolles Segelrevier, auch für andere Wassersportarten ist er sehr gut geeignet (1). Er liegt mitten im Schwarzwald und hält Verleihstationen und Gaststätten für Ausflügler bereit (2 und 3).

78 SCHLUCHSEE Der Vielfältige

Wer im Schwarzwald ist, hat hoffentlich Zeit für diesen Abstecher: Der Schluchsee ist der größte See der Region und einer der saubersten Badeseen des Landes. Berühmt ist er für die vielfältigen Möglichkeiten, hier Wassersport zu betreiben. Einen schönen Naturstrand gibt es am Südzipfel in Seebrugg inklusive Liegewiese, Spielplatz, Bootsverleih und Gastronomie (Eintritt kostet 2,50 Euro für Erwachsene). Wem es im ehemaligen Gletschersee zu kalt ist, der kann auf das Erlebnisfreibad am Kurort Schluchsee ausweichen, Riesenrutsche inklusive.

TIPP

Die Möglichkeiten, in dieser Region Outdooraktivitäten nachzugehen, sind riesig. Man kann am Schluchsee angeln, sich Boote ausleihen, Kanutouren unternehmen, klettern, Kutsche fahren und mit Blick auf den See wandern und Rad fahren.

79 SILBERSEE Verborgenes Abenteuer

Der Silbersee im Reinerzauer Tal im Schwarzwald liegt verborgen in einem Tannenwald, nicht einmal ausgeschildert ist er. Die bewaldeten Ufer, die Felsen und der Wasserfall am entgegengesetzten Ufer verleihen dem See eine abenteuerliche Aura. Familien können ihr Schlauchboot mitbringen und zum Wasserfall paddeln. Es gibt eine kleine Liegewiese und Holzstege. Von Schömberg aus folgt man für etwa fünf Kilometer der Landesstraße 405. Der Parkplatz zum See befindet sich auf der rechten Straßenseite, geöffnet ist von Mai bis September.

TIPP

Rund 30 Kilometer entfernt liegt der »Alternative Wolfs- und Bärenpark Schwarzwald«, ein Naturpark, in dem Bären, Wölfe sowie Luchse naturnah in großen Gehegen leben. Es werden unterschiedliche Touren angeboten.

80 WALDMATTENSEE

Schwimmen im Grenzland

Am westlichsten Rand des Schwarzwaldes, beinahe schon in Frankreich, liegt der beschauliche Waldmattensee. Trotz der Nähe zur A5 bekommt man vom Verkehr durch seine idyllische Lage im Naherholungsgebiet Auenwald wenig mit. Der 15 Hektar große Baggersee bei Lahr-Kippenheimweiler zeichnet sich durch hellblaues, klares Wasser aus. Während am Südufer noch gebaggert wird, kann man am Nordufer auf der Liegewiese entspannen. Der Badebereich ist gekennzeichnet. Hier gibt es auch Parkplätze und einen Kiosk.

TIPP

Keine 30 Kilometer südlich liegt eines der schönsten Mittelgebirge Deutschlands: der Kaiserstuhl. Die Gegend ist vom Rhein und von vulkanischen Erhebungen geprägt. Bekannt ist der Kaiserstuhl für seine Weinberge und Wanderwege.

Das Winzer- und Fischerdorf Hagnau liegt ein paar Kilometer südöstlich von Meersburg (1). Beim Wakeboarden steht man seitlich zur Fahrtrichtung mit Bindung auf einem Brett und wird übers Wasser gezogen (2).

81 SEEPARK LINZGAU

Action für alle

Der Seepark Linzgau liegt in westlicher Richtung 40 Kilometer von Ravensburg entfernt und lässt für Familien und Wassersportbegeisterte keine Wünsche offen: Im schönen Baggersee und dem künstlich angelegten Wasserpark kann man planschen, baden, Wasserski fahren und vieles mehr. Es gibt einen Badebereich für Kinder mit Strand sowie Ballspielfelder, Minigolf, Fußballgolf, ein Tauchzentrum für Anfänger und Könner und einen Hof zum Ponyreiten. Für den Seepark selbst wird kein Eintritt erhoben, für manche Attraktionen hingegen schon.

TIPP

Was kennt man aus Ravensburg? Natürlich die zahlreichen Brett- und Familienspiele aus dem gleichnamigen Verlag. Das »Museum Ravensburger« in der historischen Altstadt lädt Familien auf eine Partie Malefiz ein und zeigt riesige Wimmelbilder. Hier wird anschaulich erklärt, wie Spiele und Puzzles entstehen.

82 BODENSEE BEI HAGNAU

Private Buchten

Der Bodensee sieht eher nach Meer denn nach See aus, doch an vielen Stellen kann man beschaulich ins Wasser steigen. Das geht zum Beispiel zwischen Meersburg und Hagnau: einfach der Seestraße zu Fuß oder mit dem Rad folgen, Autos sind nicht erlaubt. Vom Weg aus kann sich jeder zwischen den Bäumen ein Plätzchen direkt am Wasser suchen. Der Boden ist feinkieselig, der Einstieg ins Wasser flach, und Bäume bilden ein schützendes Blätterdach. Mehr Infrastruktur bietet ansonsten das Strandbad südlich vom Ortskern.

TIPP

Im nahen Friedrichshafen zeigt das Dornier-Museum auf einer riesigen Ausstellungsfläche originale Flugzeuge, aber auch Modelle und Fotos aus 100 Jahren Luft- und Raumfahrttechnik sowie die Arbeit des berühmten Flugzeugherstellers. Immer wieder gibt es auch spannende Sonderausstellungen.

Die Bamberger Innenstadt wird von der Regnitz durchflossen.

BAYERNS NORDEN

Märchenhafte Wälder, malerische Flüsse

Auch wenn der Franke an sich gern erklärt, mit den Bayern nichts zu tun haben zu wollen: Offiziell müssen wir die wunderschöne Region eben doch zum Freistaat zählen. Wer hier entspannt, braucht aber sowieso kein anderes Urlaubsziel mehr.

Die Franken grenzen sich durch eigene Dialekte sowie eigene kulturelle Gegebenheiten von Bayern, Baden-Württemberg und Hessen ab. Die Gebiete Ober-, Unter- und Mittelfranken liegen dabei innerhalb der bayerischen Grenzen. Die Region ist geprägt von natürlichen, idyllischen Landschaften. Die Fränkische Schweiz beispielsweise ist ein grünes Hügelland, in dem zahlreiche Badeseen zum Verweilen einladen. Im Fichtelgebirge nahe der tschechischen Grenze kann man in großen Stauseen schwimmen und mit Mountainbike oder Skirollern die Berge hinunterrasen. Bei einer Bootstour auf den vielen Flüssen der Region lässt man die einzigartige Pflanzen- und Tierwelt an sich vorbeiziehen.

»DIE TOP 3 BADESTELLEN DER REGION«

1. **Felsenbad Pottenstein**
   (49°45'43.3"N 11°24'50.5"E)
   www.fraenkische-schweiz.com
2. **Brombachsee**
   (49°07'17.9"N 10°55'47.1"E)
   www.fraenkisches-seenland.de/grosser-brombachsee
3. **Feisnitz-Stausee**
   (50°01'56.4"N 12°10'57.5"E)
   www.fichtelgebirge.net/fichtelgebirge/seen-badeseen

83 FELSENBAD POTTENSTEIN

Spektakulär ins Wasser springen

In der Fränkischen Schweiz liegt eines der spektakulärsten Freibäder Deutschlands: das Felsenbad Pottenstein. Es wurde 1926 eröffnet und gilt als das älteste Freibad Bayerns. In schönerer Kulisse kann man kaum baden: Direkt am Schwimmbecken erhebt sich eine hellgraue Felswand, in der Ferne erstrecken sich Wiesen und bewaldete Hügel. Das (unbeheizte) Wasser schimmert smaragdgrün und ist so rein, dass hier Seerosen wachsen. Der Untergrund besteht aus feinen Kieseln – wer an der Sohle etwas empfindlich ist, sollte sich Badeschuhe mitnehmen. Das Freibad ist überschaubar, bietet aber reichlich Abwechslung. Man kann von einem Holzsteg oder einer meterhohen Plattform aus ins Wasser springen. Entspannen kann man im Café und Biergarten, und auf mehrstufigen Terrassen oder auf der kleinen Liegewiese lässt man sich im Sonnenschein trocknen.

TIPP

Der Luftkurort Pottenstein wartet mit vielen Attraktionen auf. Unweit vom Freibad warten ein 130 Meter langer »Skywalk« sowie Sommerrodelbahnen auf Besucher. Nur eineinhalb Kilometer in Richtung Mittelmühle liegt die schöne Teufelshöhle, eine Tropfsteinhöhle mit dem echten Skelett eines Höhlenbären.

Nicht viele Freibäder haben eine solch außergewöhnliche Umgebung aufzuweisen.

Rund um den Untreusee gibt es mehrere Badestrände mit Liegewiesen, südlich der Staumauer befindet sich auch ein Hundestrand (1). Karlsbad, auf Tschechisch Karlovy Vary, ist ein traditionsreicher Kurort mit vielen Thermalbädern und eleganter Architektur (2).

84 UNTREUSEE Ein See, viel Abwechslung

Unweit der Universitätsstadt Hof liegt mit dem Untreusee ein Badegewässer, das kaum Wünsche offen lässt. An dem in den 1970er-Jahre künstlich angelegten Stausee gibt es einen Hauptstrand sowie mehrere Liegewiesen. Familien fühlen sich besonders an der Nordspitze wohl, einen FKK-Bereich gibt es am Westufer, Hunde können sich in einem Bereich am Ostufer austoben. Auf dem tiefblauen Wasser kann man segeln, surfen, Kanu fahren, angeln und vieles mehr. Auch die grünen Ufer halten mit Spielplätzen und Sportanlagen große Abwechslung bereit.

TIPP

Rund um den Untreusee warten viele Attraktionen auf die Gäste. Am Nordufer steht zum Beispiel ein großer Kletterpark mit Parcours in verschiedenen Schwierigkeitsstufen. Teilweise führen die Strecken auch über den See. Ganz in der Nähe befinden sich außerdem ein Irrgarten sowie eine Trampolinhalle.

85 FEISNITZ-STAUSEE

Baden im Grünen

Im Fichtelgebirge funkelt das dunkle, klare Wasser des Feisnitz-Stausees in der Sonne. Der Stausee befindet sich bei Arzberg nahe der tschechischen Grenze. Beliebt ist der See wegen seiner natürlichen Ufer, an denen mächtige Bäume Schatten spenden. Entstanden ist der See im späten 19. Jahrhundert, als hier noch Braunkohle gefördert wurde. Nachdem ein Hochwasser den See zerstört hatte, legte ein Gastwirt ihn in den 1930er-Jahren wieder neu an. An der Straße »Seeklause« laden ein Café sowie ein Restaurant zur Rast ein, auch Campen ist möglich.

TIPP

Keine 50 Kilometer von hier entfernt liegt das berühmte Westböhmische Bäderdreieck, das aus den drei Kurorten Marienbad, Karlsbad und Franzensbad in Tschechien besteht. Hier kann man sich in Thermalbädern verwöhnen lassen, elegante Architektur bestaunen und durch schöne Kurparks wandeln.

ANTIK
GLAMOUR

Der Wind steht oft günstig für die Kitesurfer am Brombachsee (1). Entspannte Paddelpartie bei Sonnenuntergang (2).

86 EBENSFELD Baden unter Bäumen

Das Naturbad Ebensfeld ist nicht groß, liegt dafür aber idyllisch unter großen Bäumen am gleichnamigen See. Hier kann man sich mit Luftmatratze oder Stand-up-Paddel übers Wasser treiben lassen oder im Schatten der Bäume im Gras entspannen, während Kinder am kleinen Sandstrand spielen. Der See ist wunderschön eingebettet in der wasserreichen Gegend am Main, auf halber Strecke zwischen Bamberg und Coburg. Der Eintritt kostet 2 Euro für Erwachsene. Direkt nebenan liegt ein Zeltplatz mit Zugang zum Main für Kanuten.

TIPP

Franken ist bekannt für seine zahlreichen sauberen und naturbelassenen Flüsse. Was liegt da näher, als die Tauber oder die Saale per Kanu zu erkunden? Auch der Main kann zwischen Kulmbach beziehungsweise Bayreuth und Aschaffenburg befahren werden. An allen Flüssen werden Boote vermietet.

87 BROMBACHSEE Junges Vergnügen

Der Große Brombachsee südlich von Nürnberg ist ein idyllisches Erholungsgebiet. Er ist ein noch junger Treffpunkt für alle, die auf Erholung oder Sport aus sind, denn der Stausee wurde im Jahr 2000 eingeweiht. Mit seinen beiden Vorsperren bildet er den Brombachsee mit einer Uferlänge von knapp 20 Kilometern und einer Tiefe von über 30 Metern. Der See hat viele schöne sandige Badestellen inklusive Spielplätzen und Segelschulen. Besondere Rundfahrten werden mit dem Schiff MS Brombachsee angeboten, einem Trimaran mit drei Rümpfen.

TIPP

Der Brombachsee ist Teil des Fränkischen Seenlands, einer Gegend, die sich durch ihre idyllische Natur und ihre Gewässer auszeichnet. Besonders gut kann man hier Rad fahren. So führt beispielsweise der Fränkische Wasserradweg auf gut 500 Kilometern bis ins Altmühltal. Ein guter Ausgangspunkt hierfür ist die nahe Stadt Roth.

2

Der Name ist Programm: Die Ufer des Fichtelsees sind fest im Griff der Koniferen (1). Einer der beiden Dammwege, die das Westufer mit dem Ostufer verbinden (2).

2

88 FICHTELSEE Urlaub im Märchenwald

Am Fichtelsee östlich von Bayreuth stellen sich sofort Urlaubsgefühle ein. Das dunkle und klare Wasser des elf Hektar großen Badesees, seine grünen und bewaldeten Ufer und die urige Gaststätte versetzen Besucher in eine bayerische Märchenwelt. Nicht ohne Grund ist der Fichtelsee bei Einheimischen wie bei Touristen gleichermaßen beliebt: Mehr Natur und Erholungspotenzial an einem Fleck vereint geht einfach nicht.

Der See auf über 700 Metern liegt zwischen den höchsten Erhebungen des grünen Fichtelgebirges, und zwar zwischen den Gipfeln von Ochsenkopf und Schneeberg. Hier, zwischen dem kleinen Ort Fichtelberg und dem Naturwald-Reservat »Fichtelseemoor« kann man wunderbar den Kopf abschalten.

Wie viele Seen in dieser Region ist auch der Fichtelsee nicht natürlich entstanden, obwohl man ihm das heute überhaupt nicht mehr anmerkt. Im 18. Jahrhundert wurden mehrere Flüsse aus der Umgebung angestaut, um durch Wasserkraft Hammerwerke für Schmieden sowie andere Werke anzutreiben. Ein Damm ließ schließlich den heute beliebten Badesee entstehen. In den 1980er-Jahren ist die Wasserfläche nach Süden hin vergrößert worden.

Heute teilen zwei Dämme, über die man als Fußgänger spazieren kann, das Gewässer in drei Teile. Der nördliche Bereich verlandet aus Naturschutzgründen allmählich und wird zu Moor. Am mittleren Teil liegt die gemütliche Gaststätte »Waldhotel Am Fichtelsee« mit großer Außenterrasse. In der Nähe führen Holzstege ins Wasser, außerdem kann man hier Tret- und Ruderboote sowie Stand-up-Paddel ausleihen. Der malerische See eignet sich hervorragend als Übungsgrund für alle Freizeitkapitäne.

Besonders schön badet man im unteren Bereich. Kleine versteckte Badestellen findet man am Westufer zwischen den Bäumen, während am Ostufer in der Nähe der Gaststätte ein kleiner Strand mit angrenzendem Parkplatz auf badefreudige Besucher wartet. Gemütliche Plätze fürs Badetuch mit Blick auf den See findet man, wenn man vom Strand aus dem Sandweg folgt. Hier gibt es eine Liegewiese mit großem Holzsteg, auf dem man sitzen und seine Füße im Wasser baumeln lassen kann.

VOR MEHREREN JAHRHUNDERTEN BEKAM DER FICHTELSEE DEN RUF, DASS HIER DIE GROẞEN FRÄNKISCHEN FLÜSSE IHREN URSPRUNG HABEN: MAIN, NAAB, SAALE UND EGER. ERST IM NACHHINEIN ERWIES SICH DIESE ÜBERLIEFERUNG ALS FALSCH.

TIPP

Im Wald Mountainbike fahren, im Ort Neubau auf Skirollern Straßen heruntersausen oder durch märchenhafte Landschaften wandern: Im Fichtelgebirge gibt es für Outdoorfans viel zu erleben und zu entdecken. Schön sind Wandertouren auf die höchsten Berge, Schneeberg und Ochsenkopf, um von der Spitze ihrer Aussichtstürme das Bergpanorama zu genießen.

AUGSBURG UND REGENSBURG

Eine Landschaft im Fluss

Das weit verzweigte Kanalsystem der Stadt Augsburg wird von Lech, Wertach und Singold gespeist.

Gerade mal 130 Kilometer liegen die Städte Regensburg und Augsburg mit ihren historischen Altstädten auseinander. Dennoch bietet die gesamte Region viel Abwechslung. Vor allem die großen und kleinen Flüsse sind es, die die Landschaften und Städte prägen.

Schon beim Blick auf die Landkarte fällt auf, dass die Region rund um Augsburg und Regensburg etwas Besonderes ist. Sie wird durchzogen von zahlreichen unterschiedlichen Flüssen wie der Donau, der Naab, der Altmühl, dem Lech oder dem Regen. Früher verhalfen die großen Ströme der Domstadt Regensburg und der Fuggerstadt Augsburg – zwei der ältesten Städte des Landes – zu Ruhm und Reichtum. Heute bieten sie eine riesige Palette an Möglichkeiten, um hier seinen Urlaub zu verbringen. Große Rad- und Wanderwegnetze locken ebenso wie Kanutouren durch die idyllischen Flusslandschaften oder Spaziergänge entlang des historischen Limes-Grenzwalls. Ob sportlich oder kinderfreundlich: An allen Flüssen finden sich tolle Gelegenheiten, zu baden oder sich am Ufer zu entspannen. Vom Fluss genug? Der nächste Badesee ist auch nicht weit.

»DIE TOP 3 BADESTELLEN DER REGION«

1. **Donau beim Kloster Weltenburg**
   (48°53'58.4"N 11°49'10.1"E)
   www.kloster-weltenburg.de
2. **Lech bei Augsburg**
   (48°20'55.6"N 10°56'19.6"E)
   www.augsburg.de/umwelt-soziales/umwelt/wasser/licca-liber
3. **Flussbad Ramspau bei Regensburg**
   (49°09'20.5"N 12°08'41 .8"E)
   www.regensburg-bayern.de/aktivitaeten/baden/flussbad-ramspau

Das üppig grüne Donautal lädt zu erholsamen Stunden am oder auf dem Wasser (1). Das Kloster Weltenburg liegt direkt am Donauufer (2).

2

89 DONAU

Baden vor einmaliger Kulisse

An der schönen blauen Donau … lässt es sich wunderbar baden. Dieser Fluss ist einer der längsten und gewaltigsten Europas und trägt seinen Namen ab dem Zusammenfluss seiner Quellbäche im Schwarzwald. Auf seinem Weg bis zum Schwarzen Meer schafft die Donau wunderschöne Flusslandschaften, in Deutschland besonders rund um Kelheim südwestlich von Regensburg, wo man vor einmaliger Kulisse einer tollen Sommertag verbringen kann. In den geschwungenen Biegungen des Stroms warten weite, weiße Strände auf die Besucher – auch wenn die nicht aus Sand, sondern aus rundgeschliffenem Kies bestehen.

Landschaftlich wunderschön liegt der von Kelheim etwa sechs Kilometer entfernte Ortsteil Weltenburg. Hier windet sich die Donau durch eine Engstelle, die passenderweise »Weltenburger Enge« heißt. Bis zu 80 Meter hohe Felsen ragen hier in die Höhe und bilden dabei Formationen mit so anschaulichen Namen wie »Versteinerte Jungfrau« oder »Die drei feindlichen Brüder«. An beiden Uferseiten erstreckt sich ein großes Waldgebiet.

Eine besondere Badestelle befindet sich am Weltenburger Kloster, der sehenswerten Benediktinerabtei. Das erste Kloster wurde hier vermutlich schon im 7. Jahrhundert gegründet. Da das Gebäudeensemble an der Spitze einer Donauschlinge steht, breitet sich zu seinen Füßen ein heller Donaustrand aus. Das Kloster kann man nur per Fähre übers Wasser, zu Fuß oder per Rad vom Ort Weltenburg aus erreichen. Etwa einen Kilometer vorher lässt man das Auto auf einem großen Parkplatz stehen und läuft den Rest des Weges. Eine ähnlich idyllische Badestelle befindet sich im Ort Stausacker am gegenüberliegenden Ufer. Das Auto kann man hier direkt am Straßenrand abstellen.

Mit Blick auf den breiten Strom und die bewaldeten Felsen lässt es sich hier wunderbar baden. Das Wasser der Donau ist in dieser Gegend so klar, dass sich auch kleine Flusskrebse wohlfühlen. An einem so mächtigen Strom sollte man einige Dinge beachten: In den Buchten ist von der Strömung nichts zu spüren. Schwimmt man jedoch einige Meter weiter hinaus, kann die Strömung auch geübte Schwimmer mitreißen. Daher sollte man sich nicht zu weit hinaustreiben lassen und auf unerfahrene Schwimmer aufpassen.

DAS KLOSTER WELTENBURG WIRBT GERN DAMIT, DIE ÄLTESTE KLOSTERBRAUEREI DER WELT ZU BETREIBEN. IM WAHRSTEN SINNE AUSGEZEICHNET IST HIER DAS DUNKELBIER. NA DANN – PROST!

TIPP

Wer die einzigartige Natur noch mehr genießen will, dem wird die Wanderung von Kelheim bis zum Kloster und zurück über den Wolfgangswall gefallen. Natürlich führt hier auch ein Teil des Donau-Panoramaweges vorbei. Ein Muss für Touristen ist es, die Weltenburger Enge vom Wasser aus zu bestaunen. Von Kelheim aus legen regelmäßig Ausflugsschiffe ab.

Beherzt wagen diese beiden den Sprung ins kühle Wasser (1). Der Dom St. Peter in der Donaustadt Regensburg ist ein prächtiges Beispiel für den mittelalterlichen Baustil der Gotik (2).

90 REGEN BEI REGENSTAUF

Baden im Fluss

Der Regen schlängelt sich knapp 200 Kilometer lang durch Bayern sowie durch einen Teil Tschechiens. Wegen seiner grünen Ufer und seines sandigen Untergrunds baden die Anwohner gern in seinem Wasser. Rund um Regenstauf haben Schwimmer mehrere Flussbäder mit Liegewiesen, Spielplätzen , Duschen und Gastronomie zur Auswahl, am nördlichen Ortsrand zum Beispiel das Valentinsbad. Weiter nördlich breiten sich die Wiesen des Flussbads Ramspau aus. Hier kann man vom Steg aus ins Wasser hüpfen.

TIPP

Der Regen entzückt immer wieder durch seine natürlichen Ufer. Natur- und Sportfreunde können ihm auf dem Regental-Radweg über 170 Kilometer lang folgen. Er beginnt in Regensburg und endet an der tschechischen Grenze.

91 ROITHER SEE

Eine Insel, viel Wasser

Östlich von Regensburg und nahe der Donau hat sich zwischen Wäldern und Wiesen ein Seengebiet gebildet. In dessen Herz liegt der Roither See, ein knapp 15 Hektar großer ehemaliger Baggersee. Von Regensburg kommend, folgt man der Bundesstraße 8, biegt bei Roith ab und folgt den Schildern bis Neuallkofen. Am See gibt es mehrere Liegewiesen und einen Kiosk, man kann grillen und Volleyball spielen. Im Wasser treibt eine Badeinsel. Für Umkleiden, Toiletten und Parkplätze ist gesorgt. Der See hat klares Wasser und einen kieseligen Untergrund.

TIPP

Die Domstadt Regensburg liegt keine 15 Kilometer vom See entfernt. Sie ist nicht nur wunderschön an der Donau gelegen, sondern punktet auch mit einer sehenswerten Altstadt, die seit 2006 UNESCO-Weltkulturerbe ist.

92 NAAB

Schwimmen und Entspannen

Die Naab ist ein naturbelassener Fluss, der knapp 200 Kilometer lang durch die Oberpfalz mäandert. Eine schöne Badestelle befindet sich in Etterzhausen, einem Ortsteil von Nittendorf westlich von Regensburg. Der »Uferweg« führt zur Badestelle. Am träge dahinfließenden Fluss lädt eine Liegewiese zum Sonnenbaden ein. Wer ins Wasser möchte, der hat die Wahl zwischen einem flachen Einstieg oder waghalsigen Sprüngen von einem der beiden Stege. In Nittendorf kann man sich außerdem Kanus ausleihen.

TIPP

Zwischen Etterzhausen und Penk liegt die Räuberhöhle, die besonders bei Sonnenuntergang großen Eindruck macht. Die denkmalgeschützte Burgruine Loch im Nittendorfer Ortsteil Eichhofen ist eine der wenigen Höhlenburgen Bayerns.

Der Hochablass ist ein Stauwehr bei Augsburg. Das Lechwasser wird in die Altstadt geleitet und durchfließt das Lechviertel (1). Der Kuhsee im Augsburger Stadtteil Hochzoll erhielt seinen Namen wegen der Kuhherden, die dort früher zum Tränken hergeführt wurden (2).

93 LECH IN AUGSBURG

Fluss-Vergnügen

Der Lech ist ein urbayerischer Fluss und präsentiert sich mal breit und träge, mal eisblau und schnellfließend. Bei Augsburg wird sein Bett weit, sodass man auf hellen Schotterbänken entspannen und sich vom Wasser umfließen lassen kann. Zugang bekommt man in den Ortsteilen Lechhausen-West, Rechts der Wertach, Lechhausen-Süd oder am Stadtwald in Hochzoll. Wer mehr Infrastruktur bevorzugt, ist am Kuhsee in Hochzoll gut aufgehoben. Das türkisblaue Gewässer hat Liegewiesen, Parkplätze, Gastronomie und einen Bootsverleih.

TIPP

Weltberühmt und ein Vergnügen: Das Museum »Die Kiste« der Augsburger Puppenkiste ist in einem denkmalgeschützten Gebäude in der Altstadt untergebracht. Hier kommt man den liebenswerten Figuren aus dem Marionettentheater näher. Außerdem gibt es Sonderausstellungen, Vorführungen, verschiedene Workshops und einen Fanshop.

94 KRATZMÜHLSEE

Kurzurlaub für Kinder

Der Kratzmühlsee bei Pfraundorf ist eine kleine Oase im Altmühltal. Das Gewässer besticht durch Liegewiesen rund um seine Ufer, den schönen Baumbestand, den kindergerechten Sandstrand und die malerische kleine Insel. Hier kann man sich auf Schlauchboot oder Stand-up-Paddel treiben lassen, Boote ausleihen oder vom Steg aus die Füße im Wasser kühlen. Die Einstiege ins hellblaue Wasser sind flach, sodass der See auch für Kinder gut geeignet ist. Gastronomie, Spielplätze, ein Minigolfplatz und ein Technikmuseum runden das Angebot ab.

TIPP

Die Umgebung des Sees garantiert Abwechslung. Besucher können sich zum Beispiel entscheiden zwischen dem Limes-Wanderweg entlang des UNESCO-geschützten Grenzwalls, dem Dinosaurier-Museum mit Flugsaurierskelett, dem Abenteuerpark mit Klettergarten und dem spannenden Archäologiepark bei Kelheim.

Der Eisbach, erfrischender Treffpunkt im Großstadtsommer, gehört zum Bachsystem des Englischen Gartens, ansonsten durchfließt er die Münchner Altstadt größtenteils unterirdisch.

IN UND UM MÜNCHEN

Wo auch Kaiser und Könige gern badeten

Mit dem Marienplatz, dem Englischen Garten, der bayerischen Gemütlichkeit und der wunderschönen Natur rundherum ist München eine der lebenswertesten deutschen Städte. Obwohl eine Millionenmetropole, dauert es nie lang, bis man von München aus im Grünen ist – und damit auch am nächsten Badesee.

München tickt anders als andere Großstädte: An Sommertagen wird die Mittagspause kurzerhand in den Englischen Garten verlegt. Der ein oder andere wird sich gar mit Surfbrett unterm Arm auf den Weg machen, um am Eisbach auf der stehenden Welle sein Können zur Schau zu stellen. Flüsse, Seen und riesige Seengebiete sind vom Stadtzentrum nicht weit entfernt. Das wussten auch hochherrschaftliche Besucher zu schätzen. Kaiserin Sisi zum Beispiel wuchs in Possenhofen am Starnberger See auf – demselben See, in dem »Märchenkönig« Ludwig II. entweder freiwillig oder unfreiwillig ins Wasser ging. Für viele Berühmtheiten geht nichts über München und sein Umland. So soll schon Ernest Hemingway gesagt haben: »Fahren Sie gar nicht erst woanders hin, ich sage Ihnen, es geht nichts über München. Alles andere in Deutschland ist Zeitverschwendung.«

»DIE TOP 3 BADESTELLEN DER REGION«

1. **Isar in München**
   (48°06'12.3"N 11°33'06.3"E)
   www.muenchen.de/freizeit/orte/119332/baden-isar.html

2. **Eitzenberger Weiher**
   (47°47'05.9"N 11°21'46.0"E)
   www.penzberg.de/stadtleben/sport-freizeit/sportanlagen/freibad-am-eitzenberger-weiher

3. **Starnberger See**
   (47°57'45.2"N 11°19'04.3"E)
   www.starnbergersee.de/baden.html

Hier fühlt man sich wirklich nicht wie in einer Millionenstadt: Natur und Badefreuden pur am Flaucher (1). Zünftige Floßfahrt auf der Isar bei bestem Wetter (2).

95 DIE ISAR BEI MÜNCHEN

Naturschönheit

Das Wasser ist aquamarinblau und klar, bewaldete Hügel erheben sich links und rechts am Ufer, und ein strahlend blauer Himmel spannt sich weit über die Szenerie: Wer in der Isar badet, der lässt den Alltag ganz weit hinter sich. Die Isar entspringt in den österreichischen Alpen und schlängelt sich knapp 300 Kilometer lang durch Bayern, bevor sie in die Donau mündet.

Vor rund 15 000 Jahren hatte die Isar noch einen anderen Verlauf und traf erst nördlich von München auf die Loisach. Durch einen Gesteinsdurchbruch fand der Fluss jedoch schließlich seinen Weg nach Norden und fließt heute malerisch durch die Stadtmitte und den Englischen Garten. Für die Münchner und alle Besucher ist das ein großes Glück, denn so ist ein einmaliges Naturparadies mitten in der bayerischen Landeshauptstadt entstanden.

An der Isar kann man an zahlreichen Stellen baden. In München geht das zum Beispiel im Ortsteil Sendling zwischen dem Flauchersteg und der Wittelsbacher Brücke sowie am Englischen Garten zwischen Max-Joseph-Brücke und dem Stauwehr Oberföhring, wo ein Kanal von der Isar abzweigt. Unweit der Max-Joseph-Brücke, im Englischen Garten, befindet sich außerdem die berühmte Eiswelle, der sich sportliche Frauen und Männer auf ihren Surfbrettern stellen. Auch als Zuschauer ist das ein großartiges Spektakel!

Wer es etwas ruhiger und natürlicher haben möchte, findet schöne Badestellen beim Ort Icking, der südlich von München liegt. Vor allem die »Nackerten« waten hier gern in die Fluten – aber genauso gut kann man seine Badehose natürlich anbehalten. Und vielleicht sollte man für alle Fälle noch einen Neoprenanzug einpacken: Das Isarwasser kommt direkt aus den Alpen, daher ist seine Temperatur entsprechend »zapfig«.

DER JAKOBSWEG ISAR – LOISACH – LEUTASCHER ACHE – INN VERBINDET DIE MÜNCHNER, TIROLER UND SÜDOSTBAYERISCHEN PILGERWEGE MITEINANDER. VON MÜNCHEN AUS KANN MAN SO AN ISAR UND LOISACH VORBEI BIS INS INNTAL WANDERN.

Ist das Flusswasser nahe seiner Quelle noch eher bläulich, verfärbt es sich mit jedem Kilometer, den die Isar zurücklegt, mehr und mehr ins Grüne. Dies liegt an den Mineralien, die der Fluss aus dem Kalkstein in seinem Bett wäscht. Da sein Wasser außerdem klar ist und es wenige Sedimente gibt, beeindruckt der Fluss im Sonnenschein mit besonders schönen Licht- und Farbspielen.

TIPP

Bevor es Lastwagen gab, nutzten Flößer die Kraft des Stroms, um Baumstämme bis nach München zu transportieren. In Erinnerung daran kann man heute auf riesigen Holzflößen die Isar hinabrauschen. Der Abfahrtspunkt ist in Wolfratshausen, von wo aus es mehrere Stunden bis in die Innenstadt dauert. Eine wilde Fahrt über die längste Floßrutsche Europas ist inklusive.

Raus aus den Büroschuhen und dem weißen Hemd und ab ins Wasser (1). Voralpenidyll vom Feinsten: Vorne der Fohnsee, dann geht der Blick über Iffeldorf bis zu den Alpen (2). Blick in die Bad Tölzer Altstadt mit der Statue des Feldherrn Kaspar III. Winzerer (3).

1

2

96 EITZENBERGER WEIHER

Samtweiches Wasser

Die Eitzenberger Weiher bezeichnen mehrere Moorseen zwischen Penzberg und Iffeldorf, als Badesee wird der Alte Weiher benutzt. Die Besucher erwartet ein kostenloses Naturfreibad, das bis auf Umkleiden, eine großzügige Liegewiese und einen Kiosk keine Infrastruktur bietet. Der Moorweiher hat gute Wasserqualität, sein Wasser ist weich und schmeichelt der Haut. Zwei lange Stege führen ins Wasser, in der Mitte gibt es ein Badefloß. Von Iffeldorf aus etwa drei Kilometer dem Nantesbucher Weg folgen.

TIPP

Die Orte Lenggries, Bad Tölz und Benediktbeuern sind nicht nur für ihre idyllische Lage, sondern auch als »Kräuterdörfer« bekannt: Es gibt zahlreiche Kräutergärten und Veranstaltungen, die sich den heimischen Wildkräutern widmen.

97 OSTERSEEN

Die volle Auswahl

Wem es am Starnberger See zu voll ist, der ist an den südlich von ihm gelegenen Osterseen bei Iffeldorf gut aufgehoben, einer Ansammlung von 20 Seen. Das größte Gewässer ist der Ostersee, gefolgt vom Fohnsee. Ins Wasser hüpfen kann man an mehreren gekennzeichneten Badestellen. Ihr klares Wasser, weicher Boden, heller Untergrund und die bewaldeten Ufer sind äußerst einladend. Familien können hier einen entspannten Sommertag verbringen, denn mit Toiletten, Restaurant, Umkleiden und einem Kiosk ist für die nötige Infrastruktur gesorgt.

TIPP

Keine 20 Kilometer entfernt steht das barocke Benediktinerkloster Benediktbeuern, das mit seiner schönen Architektur, Veranstaltungen und dem Zentrum für Umwelt und Kultur sehenswert ist.

98 FELDMOCHINGER SEE

Nah am Zentrum

Auch in Münchens urbanen Gegenden gibt es tolle Möglichkeiten, sich abzukühlen, wie am Feldmochinger See im Nordwesten. Er ist das größte Gewässer der Dreiseenplatte, einer Ansammlung von Baggerseen. Der See bietet große Liegewiesen mit schönem Baumbestand. Drei Frischwasserquellen sorgen rund ums Jahr für beste Wasserqualität. Am Westufer kann man grillen, es gibt einen Kiosk und Volleyballplätze. Das Nordufer ist barrierefrei zu erreichen, am Ostufer gibt es einen Spielplatz, im Südwesten kann man nackt baden.

TIPP

Der Olympiapark entstand 1972 mit großer Halle, Turm und Stadion für die Olympischen Spiele. Berühmt ist das Zeltdach. Heute verspricht er mit verschiedenen Touren, Aquarium und Sportmöglichkeiten viel Abwechslung.

3

Von der Starnberger Seepromenade sieht man bei schönem Wetter bis zu den Alpen.

99 FÜNFSEENLAND

Badestellen zwischen Hügeln und Bergen

Rund um München hat man eine riesige Auswahl an wunderschönen Badeseen. Das beste Beispiel hierfür ist das sogenannte Fünfseenland südlich von München. Landschaftlich sind die Gewässer idyllisch eingebettet in eine grüne Hügellandschaft, die während der letzten Eiszeit entstand. Die beiden größten sind der Ammersee und Starnberger See. Letzterer ist mit seiner Fläche von 58 Quadratkilometern einer der größten Deutschlands. Der Ammersee begeistert wegen seiner guten Windverhältnisse Segler und Surfer. Großer Beliebtheit erfreuen sich auch die Dampferfahrten in Ost-West- sowie Nord-Süd-Richtung. Kleiner und genauso sehenswert sind Wörthsee, Pilsensee und Weßlinger See. Sie laden mit ihren Ortschaften, Biergärten und grünen Ufern zum entspannten Badeausflug ein. Strandbäder und ausgewiesene Badestellen gibt es an allen Seen rund um die Ufer verteilt, meist in Nähe der Ortschaften.

TIPP

Den tollen Blick auf Seen und Berge kann man auf Starnberger und Ammersee auch bei einer Schifffahrt genießen. Ein besonderes Ausflugsziel ist die Roseninsel im Starnberger See, wo auch schon Kaiserin Sisi und König Ludwig II. weilten. Noch heute blühen und duften hier Hunderte Rosen.

Blechbläserkonzert beim Sommerfestival auf dem Tegernsee, dahinter liegt Rottach-Egern.

DAS ALPENVORLAND

Glasklare Seen, spektakuläres Panorama

Blaue Berge, weiße Gipfel, grüne Almen und glasklare Seen: Das Alpenvorland ist eine der idyllischsten Urlaubsregionen unseres Landes. Die Gegend glänzt mit großen Gewässern wie dem Chiemsee, der eine riesige Palette an Freizeitmöglichkeiten bietet, ebenso wie kleinen versteckten Seen, an denen man ganz für sich sein kann.

Egal, wo man hier unterwegs ist: Das majestätische Panorama der Alpen hat man immer im Blick. Geformt wurde das Gebiet durch Gletscher, die aus den Alpen kamen und mit den Erd- und Gesteinsmassen, die sie mit sich brachten, die heute so charakteristische Hügellandschaft modellierten. Diese Gletscher sind auch die Landschaftsarchitekten der vielen Seen des Alpenvorlandes gewesen.

Wohl keine Region ist so reich an landschaftlichen Facetten und Freizeitmöglichkeiten wie das Alpenvorland. Hier findet jeder für sich die passende Art, den Alltag hinter sich zu lassen, ob schwimmen in klaren Seen, segeln, surfen, tauchen, bergsteigen, wandern, Rad fahren oder idyllische Dörfer sowie schöne Klöster besichtigen. Was danach natürlich nicht fehlen darf: im Biergarten alle Viere von sich strecken.

»DIE TOP 3 BADESTELLEN DER REGION«

1. **Chiemsee**
   (47°51'16.6"N 12°22'08.3"E)
   www.chiemsee-alpenland.de
2. **Tegernsee**
   (47°42'01.9"N 11°45'27.9"E)
   www.tegernsee.com
3. **Staffelsee**
   (47°42'03.3"N 11°09'33.4"E)
   www.seehausen-am-staffelsee.de/see-inseln.html

Von oben sieht man besonders gut, wie sauber das Wasser des Tegernsees ist (1). Der Kirchsee in der Nähe von Bad Tölz ist ein Moorsee (2). Wir sind in Bayern, da macht die Tracht auch vor dem Stand-up-Paddel nicht halt (3).

100 KIRCHSEE Schwimmen am Kloster

Tiefe Täler, alpine Gletscher: Bayern hat viele beeindruckende Gewässer. Wer mal abseits von Wassersport und Touristentrubel schwimmen will, ist am Kirchsee gut aufgehoben, einem Moorsee in der Gemeinde Sachsenkam. Der See ist 16 Meter tief, sein Wasser weich und angenehm warm. Unter den Kiefern und Birken an seinen Ufern findet jeder ein schattiges Plätzchen. An der Nordseite kann man von zwei Holzstegen aus ins Wasser springen. Ist die Luft klar, sieht man das Panorama der Bayerischen Voralpen inklusive Benediktenwand.

TIPP

In Laufweite des Kirchsees steht das denkmalgeschützte Kloster Reutberg, in dem bis heute Franziskanerinnen leben. Wegen seiner Schönheit, seiner idyllischen Lage und seines Biergartens ist er ein ideales Ausflugsziel.

101 STAFFELSEE Kunst und Wassersport

Das Juwel im Alpenvorland ist mit seinen sieben bewaldeten Inseln der inselreichste See der Region. Die größte ist die Insel Wörth, die als einzige dauerhaft bewohnt ist. Der See ist unterteilt in Obersee, Untersee und Stegsee. Schwimmer lieben die angenehme Wassertemperatur. Es gibt zahlreiche Badestellen sowie die Strandbäder in Murnau, Uffing und Seehausen. Eine idyllische Stelle ohne Infrastruktur heißt Aichalebrücke und liegt in Uffing. Der See wird gern von Surfern, Seglern und Kanuten genutzt. In allen Orten kann man sich Equipment dafür ausleihen.

TIPP

Anfang des 20. Jahrhunderts ließen sich die Maler Wassily Kandinsky und Gabriele Münter am Staffelsee nieder. An sie und andere berühmte Künstler der Blauen Reiter erinnert in Murnau das Münter-Haus, am nahen Kochelsee das Franz-Marc-Museum.

102 TEGERNSEE Für heiße und kühle Tage

Der Tegernsee zählt zu den saubersten Gewässern des Freistaates. Über 70 Meter tief ist dieser Bergsee, sein Wasser ist auch im Hochsommer stets klar und kühl. An seinen grünen Ufern gibt es zahlreiche Badestellen sowie Strandbäder, die viel Abwechslung und gute Infrastruktur für Familien bieten. Wem das Wasser doch mal zu kühl ist, findet Freibäder mit geheizten Becken in Kreuth und Rottach-Egern.

TIPP

Rund um den Tegernsee wird es nie langweilig. Ein besonderes Erlebnis ist das Segeln mit Gleitschirm, das Paragliding, das mehrere Anbieter ermöglichen. Eine schöne Wanderstrecke gibt es entlang der Weißach am Wildbad Kreuth – Wasserfall inklusive!

Zum Greifen nahe liegen liegen die Berggipfel der Alpen und die Fraueninsel vom Chiemseeufer aus, zumindest bei klarem Wetter (1). Harmonische Stimmung am See in der Abenddämmerung (2).

103 CHIEMSEE Zeitloser Klassiker

Er ist der Klassiker unter den vielen schönen Badeseen im Freistaat: Der Chiemsee ist einer der größten Seen in Deutschland und der größte in Bayern. Kein Wunder, dass er den Beinamen »Bayerisches Meer« trägt. Zwischen den Orten Prien und Chieming erstreckt er sich auf 80 Quadratkilometern und hat eine über 60 Kilometer lange Uferlinie. Die nahen Chiemgauer Berge im Hintergrund verleihen dem See ein ganz besonderes Naturpanorama. Den Chiemgau nennt man die Gegend rund um den See, die wegen ihrer landschaftlichen Schönheit ein beliebtes Erholungsgebiet für Besucher von Nah und Fern ist. Vier Inseln beherbergt der See, die größten und bekanntesten davon sind die Herren- und Fraueninsel.

Wie viele Seen der Region entstand der Chiemsee vor rund 10 000 Jahren, als ein Gletscher die Gegend formte. Der See verfügt über sehr klares Wasser, sodass man – zumindest in den Uferbereichen – bis auf den feinkieseligen Grund herunterschauen kann. Seine Ufer sehen je nach Standort ganz unterschiedlich aus: Mal sind sie waldig, mal sandig, mal von weichem Gras bedeckt. Daher kann man am Chiemsee ganz unterschiedlich baden: familienfreundlich, einsam oder auf Sport konzentriert.

Gut zugänglich und mit am bekanntesten ist der Badeplatz Schraml bei Prien. Kostenlos kommt man in dieses Strandbad, das mit einem großen Badestrand, Liegewiesen, Kiosk, Spielplätzen, Umkleiden und Toiletten an nichts mangeln lässt. Ein Plus ist der tolle Ausblick auf die nahe Herreninsel. Der Bootsverleih gibt nicht nur Ruder-, Tret-, Segel- und Elektroboote aus, hier kann man auch Equipment fürs Stand-up-Paddeln bekommen. In der Nähe liegt außerdem ein großer Kletterwald.

Den mit fünf Kilometer längsten Sandstrand am Chiemsee weist das (kostenpflichtige) Strandbad Übersee am Südufer auf. Kleinere, nicht minder idyllische Badestellen findet man außerdem zum Beispiel bei Urschalling oder beim Ort Seebruck sowie Breitbrunn. Rund ums Ufer sind außerdem zahlreiche Segelschulen und Bootsverleihe verteilt, an denen man auch Ausrüstung zum Surfen und Stand-up-Paddeln bekommt.

DER NAME CHIEMSEE TAUCHTE IM JAHR 790 ERSTMALS IN EINER URKUNDE AUF. BENANNT IST DAS GEWÄSSER NACH DER SIEDLUNG CHIEMING AM OSTUFER, DIE WIEDERUM WOHL NACH EINEM KELTISCHEN PERSONENNAMEN BENANNT IST.

TIPP

Einmal anlegen auf Herren- und Fraueninsel, das darf bei einem Urlaubstag am Chiemsee einfach nicht fehlen. Beide Inseln kann man mit Fähren etwa von Prien und Gstad aus erreichen. Die Eilande sind autofrei; auf der größeren Herreninsel verkehren Pferdekutschen. Sehenswert sind unter anderem das Schloss Herrenchiemsee, das Märchenkönig Ludwig II. erbauen ließ, das Kloster Frauenwörth und die Parkanlagen.

Der Sylvensteinspeicher ist ein Stausee im Isarwinkel. Seinen Namen erhielt er vom Sylvenstein, einem Felsrücken im oberen Isartal (1). Um den nördlichen Teil des Lechstausees der Staustufe 6 ist eine schöne Wanderung in Wassernähe möglich (2).

104 SYLVENSTEINSPEICHER

Karwendelblick

Wer beim Schwimmen die Naturkulisse des Karwendelgebirges nicht aus den Augen verlieren will, der sollte zum Sylvensteinsee kommen. Der Stausee wurde in den 1950er-Jahren angelegt, doch das vergisst man schnell an seinen weitläufigen Ufern. Entlang des sieben Kilometer langen Sees findet jeder eine ruhige Badestelle. Idyllisch badet man im Ort Fall, der wegen des Stauseebaus hier neu angesiedelt wurde, mit Liegewiese, Kiesstrand, Grillstellen und Kiosk. Beliebt ist auch das Baden unterhalb der Faller-Klamm-Brücke.

TIPP

In den Sylvensteinsee fließt auch die Walchen, die im Walchental munter durch eine kleine, sehenswerte Klamm rauscht. Hier und da bildet das Wasser Löcher im Stein, die teilweise tief genug für ein erfrischendes Bad sind. Hin zur Klamm kann man toll wandern – oder, je nach Wasserstand, auch mit dem Stand-up-Paddel hineinfahren.

105 LECHSTAUSEE

Baden am Bootshaus

Südwestlich des Ammersees, im Ort Schongau, staut sich der Lech zu einem malerischen See. Bekannt ist das Gewässer als Lechstausee oder »Lechstaustufe 6«. Hier kann man segeln, surfen und angeln. Die Badestelle liegt direkt am Bootshaus Schongau, die Anfahrt erfolgt über die Lechuferstraße. Hier gibt es flache Stellen, an denen Kinder planschen können, außerdem Liegewiesen, und die Wasserwacht passt auf. Am Bootshaus kann man sich Boote ausleihen, außerdem stillen regionale Gerichte den Hunger.

TIPP

Zwischen Lech und Loisach erstreckt sich mit dem Pfaffenwinkel eine Region, in der es so viele Klöster wie sonst nirgends in Deutschland gibt, darunter auch die Klöster Ettal und Andechs, die unter anderem wegen ihrer malerischen Lage und ihres Bieres landesweit bekannt sind. Rund um die Wieskirche in Steingaden, einem wunderschönen Beispiel für die Rokokobauweise, verlaufen viele Wanderwege mit toller Aussicht.

2

Am Eibsee leuchtet das Wasser in allen Schattierungen von Türkis bis Petrol. Acht Inseln sind auf den See verteilt.

IN DEN ALPEN

Abenteuer auf 1000 Metern Höhe

Ski fahren, rodeln, Schneemänner bauen – dass das alles in der kalten Jahreszeit im höchsten Gebirge Mitteleuropas möglich ist, ist klar. Wer die Alpen jedoch im Sommer besucht, erlebt eine unvergleichlich abwechslungsreiche Landschaft. Auch wenn Deutschland nur einen kleinen Teil des Gebirges beansprucht, gibt es hier riesigen Freizeitspaß.

Die Kraft von Stein und Wasser formt die einmalige Landschaft der Bayerischen Alpen und des Allgäus bis heute: Rauschende Flüsse suchen sich ihren Weg durch Schluchten. Im einzigen alpinen Nationalpark Deutschlands, dem Nationalpark Berchtesgaden, kann man vorbei an grünen Almen von Hütte zu Hütte wandern. Weltberühmte, oft beinahe kitschige Schlösser erheben sich vor dramatischen Bergsilhouetten. Über allem thronen die Könige der Berge, wie Watzmann und Zugspitze. Schon seit jeher ist diese Region mit ihren vielen Facetten auch ein Badeparadies. Hier kann man an glasklaren Flüssen entlangwandern oder in kühlen Bergseen in über 1000 Metern Höhe schwimmen. Ganz Waghalsige springen aus mehreren Metern hinab in natürliche Pools, die das Wasser in den Stein gegraben hat: Das Gumpenspringen ist Vergnügen und Mutprobe zugleich.

»DIE TOP 3 BADESTELLEN DER REGION«

1. **Hintersee**
   (47°36'27.8"N 12°51'09.1"E)
   www.berchtesgaden.de/hintersee
2. **Buchenegger Wasserfälle**
   (47°31'47.9"N 10°02'59.6"E)
   www.buchenegger-wasserfaelle.de
3. **Haldertobel im Allgäu**
   (47°31'24.9"N 10°14'00.9"E)
   www.gunzesried.de

Der Hintersee entstand vor Tausenden von Jahren durch einen Felssturz, im nahen Zauberwald sieht man noch die Trümmer des Bergsturzes (1). Die Almbachklamm befindet sich im Berchtesgadener Land zwischen Ettenberg (Ortsteil von Marktschellenberg) und Maria Gern (2).

106 HINTERSEE Fotogenes Naturphänomen

Die Fotoausrüstung darf nicht fehlen: Der Hintersee bei Berchtesgaden ist ein märchenhaftes Gewässer. Mit seinem smaragdgrünen Wasser, seinen bewaldeten Ufern, den Felsformationen und dem Alpenpanorama kommt dieser See einem Naturphänomen gleich. Die Anfahrt erfolgt über das Bergsteigerdorf Ramsau. Rund um den See gibt es Badestellen sowie Parkplätze und Gasthöfe. Im Sommer kann man sich mit der »Annerl« übers glasklare Wasser schippern lassen. Besonders schön ist die Atmosphäre hier in den Morgenstunden.

TIPP

Der Nationalpark Berchtesgaden ist der einzige deutsche Park seiner Art, der in den Alpen liegt. Mit dem über 2700 Meter hohen Watzmann, den majestätischen Gipfeln und türkisfarbenen Flüssen ist er von jedem Winkel aus sehenswert. Am besten erwandert man sich die Landschaft von Alm zu Alm und Hütte zu Hütte.

107 ALMBACHKLAMM

Abenteuer für jedermann

Blaues Wasser, rauschende Stromschnellen, ein Wasserfall: Die Almbachklamm in den Berchtesgadener Alpen verspricht Abenteuer für jedermann. Der Eintritt (6 Euro für Erwachsene) lohnt sich: Der Almbach hat sich über Jahrtausende ins Gestein gegraben und die drei Kilometer lange Klamm geschaffen. Man kann sie in verschiedenen Längen durchwandern. Auf jeden Fall sollte man die rund 45 Minuten bis zum 114 Meter hohen Sulzer Wasserfall laufen. Bei 200 Metern Höhenunterschied hilft es, zumindest ein bisschen sportlich zu sein.

TIPP

29 Brücken und Stege liegen auf dem Weg zum Sulzer Wasserfall. Ein Stück weit kann man auch durch den Fluss waten, etwa ab Brücke Nummer 11 . Es lohnt sich, den Wasserfall ein Stück weit hinaufzuklettern. Hier bildet das Wasser Becken, in denen man baden kann.

2

Die Seilbahn Zugspitze verbindet die Talstation Eibsee mit der Bergstation am Gipfel (1). Der Alatsee erstreckt sich unweit vom Falkensee und grenzt an Österreich (2). Die Buchenegger Wasserfälle sind Teil des Geoparks Allgäu, der vom Bodensee bis zum Illertal reicht (3).

108 BUCHENEGGER WASSERFÄLLE

Berauschend

An den Buchenegger Fällen in der Nähe von Markt Oberstaufen im Oberallgäu rauscht die Weißach mittels zweier Fallstufen über 30 Meter in die Tiefe. Dabei hat das Wasser Pools in den Stein gegraben, sogenannte Gumpen, die zum Baden einladen. Wagemutige springen von oben in die Gumpen. An der obersten Fallstufe kann man bis zu acht Meter in die Tiefe springen, an der untersten Stufe bis zu 16 Meter – schwindelerregend!

TIPP

Wenige Kilometer entfernt erhebt sich der über 1800 Meter hohe Hochgrat, den man mit der Hochgratbahn erreicht. Bei Wanderern und Skifahrern ist er gleichermaßen beliebt.

109 ALATSEE

Funkelnder Edelstein

Nahe der österreichischen Grenze, in der Nähe von Füssen, liegt der Alatsee. Mit seinem türkisfarbenen Wasser leuchtet er wie ein Edelstein. Im Hintergrund sieht man an klaren Tagen die malerische Vilser Alm. An der Westseite wartet eine Liegewiese mit flachem, sandigem Einstieg für Schwimmer auf. Auch zwischen den Bäumen entlang des Rundweges kann man sein Badetuch ausbreiten. Der Bergsee ist selbst an heißen Sommertagen kühl und frisch. Möglichkeit zur Einkehr bietet das Restaurant und Hotel am Ostufer.

TIPP

Die berühmten Schlösser Neuschwanstein und Hohenschwangau erheben sich nur wenige Kilometer entfernt auf halber Höhe an einer bewaldeten Felswand und sind einmalig kitschig und schön. Auch Füssens romantische Altstadt lockt jedes Jahr Besucher aus aller Welt an.

110 EIBSEE Nah an der Zugspitze

Garmisch-Partenkirchen ist vor allem als Wintersportort bekannt, doch auch im Sommer kann man sich hier toll erholen. Wer auf 1000 Höhenmetern ins klargrüne Wasser tauchen will, sollte es sich am Eibsee gemütlich machen, etwa zehn Kilometer südwestlich von Garmisch. Die Berge bilden ein unvergessliches Naturpanorama. Baden kann man in kleinen Buchten. Außerdem kann man sich Tret- und Ruderboote sowie Stand-up-Paddel ausleihen oder eine geführte Bootstour unternehmen. Rund ums Ufer gibt es Spielplätze, Gasthöfe und Biergärten.

TIPP

Ein Ausflug zum höchsten Gipfel des Landes gefällig? Am Westufer liegt die Talstation der Seilbahn zur Zugspitze. Die etwa 45-minütige Fahrt bietet großartige Ausblicke über die Landschaft.

Rund um den Wildbach Gunzesrieder Ach sind unzählige Wanderwege und Radtouren ausgewiesen (1). Saftige grüne Wiesen bedecken die Allgäuer Almhänge rund um Gunzesried (2).

2

111 HALDERTOBEL Wie verwunschen

In der Gemeinde Blaichach im Landkreis Oberallgäu versteckt sich ein spektakuläres Naturschauspiel: der Haldertobel. Zwischen großen, moosigen Felsen stürzt sich hier die Gunzesrieder Ach schäumend und sprudelnd über mehrere Stufen hinab und kreiert eine zauberhafte Landschaft. An mehreren Stellen bildet das Wasser sogenannte Gumpen, also runde Ausbuchtungen im Fels, in denen man ins Wasser steigen kann. Das ist aber nur etwas für heiße Tage und Hartgesottene: Das Wasser kommt direkt aus den Bergen und ist zum Zähneklappern kalt, dafür aber durch und durch erfrischend.

Allein die Wanderung durch den Haldertobel ist ein einzigartiges Erlebnis und ideal für große und kleine Abenteurer. Im Ort Gunzesried führt gegenüber einem Parkplatz am Ortseingang ein kleines Holztor auf einen Pfad über eine Wiese. Schon nach wenigen Metern erreicht man den Fluss, der sich hier noch schmal und zahm gibt. Nach einigen hundert Metern wird der Gehweg dann schmaler und das Wasser lauter. Hier beginnen die urzeitlichen Felsformationen, über die der Fluss stufenweise nach unten rauscht. Immer weiter schrauben sich Felsen in die Höhe. Sie sind von tropfnassen Moosen bedeckt. Alle paar Meter bekommt man die Gelegenheit, an den Kiesbänken direkt an den Fluss zu gelangen, um zu baden – oder zumindest, um auszutesten, wie kalt das Wasser wirklich ist. Einige Kilometer weiter wird das Bett der Gunzesrieder Ach wieder breiter. Hier laden die Ufer zu einer Rast vor bewaldeter Kulisse ein. Dann fällt es wirklich nicht schwer, sich nicht im Allgäu, sondern mitten in der Wildnis Kanadas zu wähnen.

Durch den Haldertobel kann man übrigens auch von Blaichach aus wandern. Hier muss man allerdings zunächst etwa 80 Höhenmeter überwinden. Vom Schlossbergweg aus geht es über den Forstweg in Richtung Stausee. Von hier aus folgt man weiter dem Fluss. Fitte Kinder werden ebenfalls viel Spaß an dieser Wanderung haben. Wer eine (kindgerechte) Pause braucht, kann sie zum Beispiel in der Sennalpe Derb im Ortsteil Reute einlegen. Dort gibt es unter anderem selbst gemachten Käse und einen Spielplatz.

IM SEPTEMBER ERWARTET EINHEIMISCHE SOWIE BESUCHER EINE GAUDI DER BESONDEREN ART: DER ALMABTRIEB DER KUHHERDEN, DIE PRÄCHTIG GESCHMÜCKT DURCH DEN ORT GUNZESRIED GETRIEBEN WERDEN.

TIPP

Lecker! Das Gunzesrieder Tal, in das Blaichach eingebettet ist, ist als Kräutertal bekannt. An seinen Bergwiesen und Hängen wachsen Wildkräuter in üppiger Fülle. Viele Anwohner haben wunderschöne Kräutergärten angelegt. Ein Muss für alle Käseliebhaber ist der Besuch in der 1892 gegründeten Sennerei Gunzesried, in der neben Emmentaler, Berg- und Kräuterkäsesorten auch andere Milchprodukte wie Buttermilch und Butter angeboten werden. Hier kann man auch herzhafte Brotzeiten genießen.

REGISTER

IMPRESSUM

Verantwortlich: Elizabeth Bandulet, Carola Holzer
Redaktion: Mareike Weber
Bildauswahl: Franziska Sorgenfrei
Layout u. Umschlaggestaltung: Reemers Publishing Services GmbH
Repro: LUDWIG:media
Kartografie: Kartographie Huber, Heike Block
Herstellung: Bettina Schippel
Printed in Italy by Printer Trento

Sind Sie mit diesem Titel zufrieden? Dann würden wir uns über Ihre Weiterempfehlung freuen. Erzählen Sie es im Freundeskreis, berichten Sie Ihrem Buchhändler oder bewerten Sie bei Onlinekauf. Und wenn Sie Kritik, Korrekturen, Aktualisierungen haben, freuen wir uns über Ihre Nachricht an: Bruckmann Verlag, Postfach 40 02 09, D-80702 München oder per E-Mail an: lektorat@verlagshaus.de.

Unser komplettes Programm finden Sie unter www.bruckmann.de

Alle Angaben dieses Werkes wurden von den Autoren sorgfältig recherchiert und auf den neuesten Stand gebracht sowie vom Verlag geprüft. Für die Richtigkeit der Angaben kann jedoch keine Haftung übernommen werden, weshalb die Nutzung auf eigene Gefahr erfolgt. Insbesondere bei GPS-Daten können Abweichungen nicht ausgeschlossen werden. Sollte diese Werk Links auf Webseiten Dritter enthalten, so machen wir uns die Inhalte nicht zu eigen und übernehmen für die Inhalte keine Haftung.

In diesem Buch wird aus Gründen der besseren Lesbarkeit das generische Maskulinum verwendet. Weibliche und anderweitige Geschlechteridentitäten werden dabei ausdrücklich mitgemeint, soweit es für die Aussage erforderlich ist.

Bildnachweis: Creative Travel Projects: S. 4
mauritius images: 5, 44 Westend61/Matthias Buchholz, 40, 67, 126/127 imagebroker, 45 o. Westend61/Kerstin Bittner, 46 Alamy/Hans Blossey, 56 Alamy/travelstock44.de/Juergen Held, 59 o. United Archives/Werner Otto, 64/65 Alamy/Frank Hecker, 76 Alamy/Kuttig, 88 imageBROKER/Dierk Boeser, 101 Westend 61/Dieter Heinemann, 114 Steffen Beuthan, 115 u. Alamy/Mark Pedley, 122 Udo Siebig, 128 Alamy/Zoonar/Stephan Herlitze, 133 Günter Gräfenhain, 141 imagebroker/Martin Siepmann, 142 Uta und Horst Kolley, 144 Westend 61/Martin Siepmann, 147 Sebastian Fröhlich, 157 Westend61/Martin Moxter, 164 Alamy/Zoonar/BERBER

Shutterstock: S. 6/7 Cameris, 8/9 Pawel Kazmierczak, 10 Doris Oberfrank-List, 12 Marc Venema, 13 IndustryandTravel, 14 NaturePicsFilms, 15 Maykova Galina, 16 dugdax, 17 AlexWolff68, 18 Frank Duehnelt, 20 canadastock, 22 Marcus_Hofmann, 23 bluecrayola, 24 mapman, 25 ricok, 26 Iurii Buriak, 27 o., 27 u., 75, 89 o., 113, 118, 121 u., 148/149 Sina Ettmer Photography, 28 Grekov's, 30 Christian Mueller, 31 Uta Scholl, 32/33, 136, 158 footageclips, 34 Villy Yovcheva, 35 mije_shots, 36, 52 KaMay, 37 goodluz, 38 Myroslava Bozhko, 41 powell'sPoint, 42/43 Heide Pinkall, 45 u. Daniel-Froehlich, 48 travelpeter, 49 kacege, 50/51, 154 Traveller Martin, 53 o. Ina Meer Sommer, 53 u. Rolf G Wackenberg, 54 Moskwa, 57 Panoptography, 58 LaMiaFotografia, 59 u. Pani Garmyder, 60 Rainer Fuhrmann, 61 o., 70 Tilo G, 61 u. posztos, 62 Werner Spremberg, 66 lizenzfrei, 68/69 LianeM, 71 o. Ksl, 71 u. Bernd Meissner, 72 Karin Jaehne, 74 Tobias Thaele, 77 Brinja Schmidt, 78/79 lizenzfrei, 80 Bjoern Bernhard, 81 o. D. Ziegler, 81 u. Kraft_Stoff, 82/83, 87 Oliver Hlavaty Photo, 84 dugdax, 85 Animaflora PicsStock, 86 Bernd Butzke, 89 u. Birgit Reitz-Hofmann, 90 Bjoern Labo, 92 Tanja Esser, 93 Dr. Norbert Lange, 94 Stanislava Karagyozova, 95 icrms, 96 Dietwal, 97 o. ArtistaV, 97 u. TunedIn by Westend61, 98 Leonid Andronov, 100 Wolfgang Zwanzger, 102, 103 Boris-B, 104/105 Reinhard Frank, 106 Magda Zarebska, 107 o. Sarah Moldenhauer, 107 u. Christoph Mohr, 108 Juergen Wackenhut, 112 nnattalli, 115 o. Simon Dux Media, 116 Juergen Faelchle, 119 AK-Snapshot, 120 Ines Porada, 121 o. Karp5, 123 IgorDo, 124 sunfun, 129 Roman Babakin, 130 aldorado, 131 Popartic, 132 juulsn, 134 Alexander Rochau, 137, 139 Val Thoermer, 138 Master 1305, 145, 147 u., 150, 156 FooTToo, 146 Air Images, 152 Benjamin Schramm, 153 o. Christina Fink, 153 u. zandyz, 155 Matteo Patetta, 160 Sanhajietis, 161 Firebird007, 162 Sky Cinema, 163 o. a4ndreas, 163 u. cityfoto24, 165 DM-Media

Bildnachweis Umschlag
Umschlagvorderseite: TommL/iStock
Klappe Vorderseite: oben: Majonit/Shutterstock, Mitte links: Pajor Pawel/shutterstock, Mitte rechts: Sarah Moldenhauer/shutterstock, unten: Pawel Kazmierczak/shutterstock
Umschlagrückseite: links oben: Creative Travel Projects/shutterstock, links unten: Lukas Kogler/shutterstock, rechts oben: Christian Mueller/shutterstock, rechts unten: Jenny Sturm/shutterstock
Klappe Rückseite: Autorenfoto Markus Struck

Die Deutsche Nationalbibliothek verzeichnet diese Publikation in der Deutschen Nationalbibliografie; detaillierte bibliografische Daten sind im Internet über http://dnb.d-nb.de abrufbar.

ISBN: 978-3-7343-1870-2